FONDAMENTI DI LIBERTÀ

MIKE RICHES

— Un'introduzione a —

VIVERE LIBERI IN CRISTO™

Fondamenti di libertà: Un'introduzione a Vivere liberi in Cristo
Copyright © 2024 Mike Riches

Tutti i diritti riservati. Nessuna parte di questa pubblicazione può essere riprodotta, conservata in un sistema di reperimento dati o trasmessa in qualsiasi forma o per qualsiasi mezzo, sia esso elettronico, meccanico, fotocopie, registrazioni o altro, senza la previa autorizzazione dell'editore, salvo quanto previsto dalla legge sul copyright degli Stati Uniti.

1. Non è ammesso apportare modifiche.
2. È vietato produrre copie senza la previa autorizzazione scritta di SycPub Global.
3. È possibile acquistare ulteriori libri presso SycPub Global.

Come utilizzare questo materiale in maniera efficace:
A nome di tutti noi di SycPub Global, preghiamo che questo materiale benedica abbondantemente voi, la vostra famiglia e la vostra chiesa.
Desideriamo che vi sentiate liberi di condividere questi principi biblici con amici e persone care, secondo come Dio vi guida. Tuttavia, vi chiediamo di astenervi dal fare fotocopie senza autorizzazione. Le licenze di stampa sono disponibili su richiesta. Grazie.

Salvo diverse indicazioni, tutte le citazioni bibliche sono tratte dalla versione La Nuova Diodati, Revisione 1991/2003, proprietà de La Buona Novella.

Pubblicato da:
SycPub Global
P.O. Box 158
Gig Harbor, WA 98335
USA

Per ordini online:
Sito web: www.sycpubglobal.org
Email: info@sycpubglobal.org

ISBN 978-1-7370261-2-9

Revisione e book packaging: Arlyn Lawrence, Inspira Literary Solutions, Gig Harbor, WA, USA
Grafica: Brianna Showalter, Ruston, WA, USA

INDICE DEI CONTENUTI

INFORMAZIONI SU QUESTO LIBRO [1]

INTRODUZIONE [3]

Capitolo 1
PROGETTO ORIGINALE E SOZO [4]
Esercizio sulla fortezza: Sentirsi insignificanti

Capitolo 2
UN MONDO, DUE REGNI [16]
Esercizio sulla fortezza: Paura

Capitolo 3
POTENZA E AUTORITÀ DEL CRISTIANO [27]
Esercizio sulla fortezza: Passività

Capitolo 4
FORTEZZE [40]
Esercizio sulla fortezza: "Porte aperte" e ingiustizie

Capitolo 5
ASSICURARE UN CUORE SANO [51]
Esercizio sulla fortezza: Mancanza di perdono

PROSEGUIRE NELLA LIBERTÀ [60]

NOTE SULL'AUTORE [63]

INFORMAZIONI SU QUESTO LIBRO

Il libro che hai tra le mani è una piccola parte di un quadro molto più grande: il fondamento di un più ampio corpo di insegnamenti biblici noto come *Vivere liberi in Cristo*. Questo manuale ti fornirà le basi per iniziare un cammino verso la libertà in Gesù Cristo.

Sono passati più di 20 anni da quando *Vivere liberi in Cristo* è diventato un corso di formazione tradotto in 12 lingue e seguito da un milione e mezzo di persone in tutto il mondo, che ha prodotto molte migliaia di vite trasformate continuando a far avanzare il Regno di Dio ovunque venga insegnato. Il corso è stato progettato per dotare i credenti della verità biblica che li equipaggerà e li fortificherà per vivere nella vita abbondante che Gesù ha promesso ai suoi discepoli (Giovanni 10:10), e per liberarsi dagli ostacoli che li trattengono dal fare esperienza di questa vita abbondante.

Sebbene il corso nella sua interezza sia generalmente insegnato nell'arco di molte settimane o di diverse giornate di full immersion, era nostro desiderio fornire un'esperienza su scala ridotta delle verità di *Vivere liberi*, che potesse essere svolta in un seminario, in un contesto di piccoli gruppi o di discepolato individuale.

Questo è ciò che stai per scoprire in *Fondamenti di libertà: Un'introduzione a Vivere liberi in Cristo*. Confidiamo che questa mini opportunità di "assaggiare" una maggiore libertà in Cristo ti lasci ancora più affamato!

Salmo 34:8
Gustate e vedete quanto l'Eterno è buono;
beato l'uomo che si rifugia in lui.

Mike Riches
Fondatore e Direttore esecutivo
The Sycamore Commission
www.sycamorecommission.org

INTRODUZIONE

Dentro di te, c'è un altro te stesso. Nel profondo del tuo cuore si nasconde una persona il cui carattere è tutto ciò che hai sempre pensato di poter essere e anche di più. Questa persona non ha paura ed è in grado di attraversare ogni tempesta della vita. Questa persona è compassionevole e capace di amare tutta l'umanità. Questa persona è piena di gioia e porta vita e speranza in ogni situazione che incontra. Questa persona dice la verità, sapendo che in un mondo che ha bisogno di una direzione, qualcuno deve coraggiosamente indicare la strada.

Questa persona che risiede in te sei TU, il vero te, quello che Dio, il tuo Creatore, ti ha creato per essere. Questa è la persona che, nel tuo cuore, stai chiedendo a gran voce di essere. Tuttavia, poiché viviamo in un mondo di peccato - un mondo di dolore, rifiuto, abbandono, violenza, ingiustizia, abuso, delusione e intimidazione - questa persona che Dio ti ha creato per essere è stata compromessa e intrappolata. Di conseguenza, TU sei stato fatto prigioniero. Ma Gesù è venuto a liberarti da quelle cose che ti hanno reso tale. È venuto a liberarti per darti una vita piena di gioia, compassione, amore e coraggio, una vita in cui sperimenti la presenza e la potenza di Dio.

La "libertà" è al centro della vita e del messaggio di Gesù Cristo e della missione dei suoi discepoli. Gesù ha detto: "Conoscerete la verità e la verità vi farà liberi... Se dunque il Figlio vi farà liberi, sarete veramente liberi" (Giovanni 8:32,36). L'apostolo Paolo ha ribadito: "Cristo ci ha liberati perché fossimo liberi" (Galati 5:1, NR06).

Questo è l'obiettivo di questo libro e del corso *Vivere liberi*: aiutarti a identificare dove, come e perché vivi avvolto da legami e in condizione di schiavitù, invece che nella libertà e nella speranza. Il corso *Vivere liberi* è stato progettato anche per aiutarti a fare in modo che gli altri entrino nella libertà che Gesù Cristo ha reso disponibile.

Grazie alla potenza di Cristo, puoi liberarti da questi legami e vivere nella libertà che Gesù ha acquistato per te!

Capitolo Uno
PROGETTO ORIGINALE E SOZO

Note:

IL PIANO ORIGINALE DI DIO

Il progetto originale di Dio era che noi vivessimo con lui per l'eternità in perfetta unità e comunione, senza tristezza, senza dolore, senza ferite e senza malattie. Egli aveva pianificato che vivessimo senza tensioni relazionali, afflizioni, dolori o senso di vuoto. Al contrario, siamo stati creati per essere completi, pieni di gioia, in pace e realizzati nel nostro scopo e nella nostra relazione con Dio.

Quando Dio creò l'umanità, questa era perfetta e senza peccato. Al momento della creazione, il mondo era un paradiso.

Genesi 1:27, 31
Così Dio creò l'uomo a sua immagine; lo creò a immagine di Dio; li creò maschio e femmina.... Allora Dio vide tutto ciò che aveva fatto, ed ecco, era molto buono. Così fu sera, poi fu mattina: il sesto giorno.

Gli esseri umani non sono stati creati per vivere nella vergogna e nella condanna. In origine, non c'erano pesi o oppressione nel mondo. Non c'era vergogna per le esperienze personali o per le sofferenze nelle relazioni. Non c'erano sconfitte o opposizioni. C'era la libertà personale. Questo veniva sperimentato attraverso:

- Amore infinito e disinteressato
- Completezza
- Significato
- Autorità
- Intimità con Dio
- Gioia
- Scopo
- Valore
- Luce
- Pace
- Sicurezza
- Vita

IL PROGETTO ORIGINALE È ANDATO PERDUTO

Se consideriamo la nostra vita e il mondo che ci circonda in modo realistico, vediamo un mondo che è andato a rotoli, non un'immagine che riflette il piano originale di Dio. A livello individuale, familiare, comunitario, nazionale e internazionale, vediamo morte, omicidi, guerre e disastri. Un panorama pieno di abusi, abbandono e ferite. Le vite delle persone sono piene di tristezza, dolore, vuoto, futilità e paura.

Cosa è andato storto? Adamo ha disubbidito a Dio. Questa disubbidienza ha fatto sì che Adamo perdesse il paradiso e rinunciasse a vivere secondo il progetto originale di Dio, con un impatto drammatico su tutte le persone che sono nate da allora in poi.

Romani 5:12
Perciò, come per mezzo di un solo uomo il peccato è entrato nel mondo e per mezzo del peccato la morte, così la morte si è estesa a tutti gli uomini, perché tutti hanno peccato.

Quando guardiamo a Romani 5:12, vediamo che ognuno di noi, a sua volta, ha ereditato una natura peccaminosa, che si traduce nel peccato e in una vita vissuta al di fuori del progetto originale di Dio.

1. SEPARAZIONE DA DIO

Genesi 3:23 (NR06)
Perciò Dio il Signore mandò via l'uomo dal giardino d'Eden, perché lavorasse la terra da cui era stato tratto.

2. RESA DELL'AUTORITÀ SU SATANA

Salmo 8:4-6
Che cosa è l'uomo, perché te ne ricordi, e il figlio dell'uomo, perché lo visiti? Eppure tu lo hai fatto di poco inferiore a Dio, e lo hai coronato di gloria e di onore. Lo hai fatto regnare sulle opere delle tue mani e hai posto ogni cosa sotto i suoi piedi!

3. MANCANZA DI UNO SCOPO

Genesi 3:19
"Mangerai il pane col sudore del tuo volto, finché tu ritorni alla terra perché da essa fosti tratto; poiché tu sei polvere, e in polvere ritornerai".

4. COMPROMISSIONE DELLE RELAZIONI PERSONALI

Genesi 3:12 (NR06)
L'uomo rispose: "La donna che tu mi hai messa accanto, è lei che mi ha dato del frutto dell'albero, e io ne ho mangiato".

Genesi 3:16 (Traduzione libera)
Poi disse alla donna... "Tu desidererai controllare tuo marito, ma lui governerà su di te".

Genesi 4:8 (NR06)
Un giorno Caino parlava con suo fratello Abele e, trovandosi nei campi, Caino si avventò contro Abele, suo fratello, e l'uccise.

5. SCHIAVITÙ PERSONALE

Genesi 3:8-10
Poi udirono la voce dell'Eterno Dio che passeggiava nel giardino alla brezza del giorno; e l'uomo e sua moglie si nascosero dalla presenza dell'Eterno Dio fra gli alberi del giardino. Allora l'Eterno Dio chiamò l'uomo e gli disse: «Dove sei?». Egli rispose: «Ho udito la tua voce nel giardino, e ho avuto paura perché ero nudo, e mi sono nascosto».

6. PERDITA DELLA PIENEZZA DELLA VITA E DELLA SALUTE

Genesi 2:17
...ma dell'albero della conoscenza del bene e del male non ne mangiare, perché nel giorno che tu ne mangerai, per certo morrai.

7. PERDITA DEL PROGETTO E DELLO SCOPO ORIGINALE DI DIO PER LE NOSTRE VITE

Genesi 1:28 (NR06)
Dio li benedisse; e Dio disse loro: «Siate fecondi e moltiplicatevi; riempite la terra, rendetevela soggetta, dominate sui pesci del mare e sugli uccelli del cielo e sopra ogni animale che si muove sulla terra».

Genesi 2:15
L'Eterno Dio prese dunque l'uomo e lo pose nel giardino dell'Eden perché lo lavorasse e lo custodisse.

Genesi 3:19
"Mangerai il pane col sudore del tuo volto, finché tu ritorni alla terra perché da essa fosti tratto; poiché tu sei polvere, e in polvere ritornerai".

Che immagine diversa viene dipinta in Genesi 3:19 rispetto a Genesi 1:28 e Genesi 2:15. Nell'Antico Testamento è stato scritto un intero libro sulla condizione disastrosa dell'umanità e sulla vanità della vita (Ecclesiaste). L'intento di Dio non è mai stato questo.

Dio ha instillato in te delle componenti per renderti la persona che lui ha progettato. Questi elementi includono la tua personalità, le tue passioni, i tuoi doni spirituali, i tuoi gusti, le tue attitudini e altro ancora. La tua salvezza comprende il fatto che Dio ripristini tutto questo in te per vivere nel suo disegno, nella sua chiamata e nel suo scopo per la tua vita.

Efesini 2:10
Noi infatti siamo opera sua, creati in Cristo Gesù per le buone opere che Dio ha precedentemente preparato, perché le compiamo.

COMPRENDERE IL CUORE DI DIO PER TE

Per vivere nella pienezza della nostra salvezza, dobbiamo iniziare a comprendere il cuore di amore eterno di Dio per noi. Dio ama tutta l'umanità, ma, nell'intimità, ha riversato il suo amore su coloro che hanno un rapporto con lui basato sulla salvezza attraverso la fede in Gesù Cristo e nel suo sangue versato.

Questa sembra una verità elementare, tanto che spesso viene messa da parte come conoscenza ordinaria. Ma vivere con una piena comprensione dell'amore di Dio è raro. La fiducia assoluta nell'amore di Dio è fondamentale per chiunque voglia muoversi nella fede, nella speranza e nella potenza che contraddistinguono il Regno di Gesù. Abbiamo bisogno di una nuova e fresca rivelazione di come Dio ci vede, invece di credere alle bugie di Satana.

La dimensione di questo insegnamento non potrebbe mai rendere giustizia alle molte verità sorprendenti di come Dio ti vede, ma inizieremo almeno il processo di comprensione del suo amore e del suo scopo per ciascuno di noi.

1. DIO PROVA UN AMORE INFINITO PER TE

L'amore di Dio per te è così grande che Paolo, sapendo che non può essere compreso, ha pregato che i credenti che leggevano la sua lettera lo sperimentassero. Sei l'oggetto speciale dell'attenzione e dell'amore di Dio. Sei grandemente valorizzato!

Efesini 3:18-19 (NTVi)
Prego che possiate comprendere, assieme a tutto il popolo di Dio, quale sia l'ampiezza, la lunghezza, l'altezza e quale la profondità del suo amore. Che possiate fare esperienza dell'amore di Cristo, sebbene sia troppo grande perché lo si possa conoscere interamente. Allora sarete ricolmi di tutta la pienezza di vita e potenza che provengono da Dio.

2. DIO SI RALLEGRA DI TE

Dio si compiace molto di te. Si rallegra di ogni dettaglio della tua vita. Le Scritture ci dicono che Dio si rallegra del suo popolo con un amore così intimo da intonare un canto d'amore su di esso.

Sofonia 3:17 (traduzione libera)
Il Signore, il tuo Dio, è vivente in mezzo a te. Egli è un potente salvatore. Si compiacerà di te con gioia. Con il suo amore calmerà tutte le tue paure. Si rallegrerà per te con canti di gioia.

Salmo 18:19
…e mi trasse fuori al largo; egli mi liberò perché mi gradisce.

3. DIO TI PROTEGGE E TI DIFENDE GELOSAMENTE

Gesù Cristo è il nostro avvocato, colui che ci difende e ci protegge. Con la sua morte e risurrezione, Gesù ha distrutto il potere della morte e della condanna che il nemico aveva su di noi. Egli sgrida il nemico per nostro conto! Siamo al sicuro nel suo amore, sapendo che ci difenderà!

1 Giovanni 2:1
Figlioletti miei, vi scrivo queste cose affinché non pecchiate; e se pure qualcuno ha peccato, abbiamo un avvocato presso il Padre: Gesù Cristo, il giusto.

Romani 8:33-34 (NTVi)
Chi oserebbe accusare noi, quelli che Dio si è scelto? Proprio nessuno, dal momento che Dio stesso ci ha dichiarati giusti davanti a sé. Chi ci potrebbe ancora condannare? Proprio nessuno, dal momento che Cristo Gesù è morto per noi e occupa il posto d'onore alla destra di Dio, intercedendo in nostro favore.

Una dimostrazione pratica di Dio che difende gelosamente i suoi si trova in Zaccaria 3:1-2, dove difende Giosuè, sommo sacerdote d'Israele, dalle accuse di Satana:

> *Poi l'angelo mi mostrò il sommo sacerdote Giosuè, che stava in piedi davanti all'angelo del Signore. L'accusatore, Satana, stava alla destra dell'angelo formulando le sue accuse contro Giosuè. E il Signore disse a Satana:* ***«Io, il Signore, respingo le tue accuse Satana!*** *Sì, il Signore che ha scelto Gerusalemme ti sgridi! Quest'uomo è come un tizzone ardente strappato dal fuoco».*

Stai certo che Gesù fa lo stesso per te!

4. DIO HA UNO SCOPO E UN PIANO SOVRANO PER TE

Tu non sei il frutto del caso. Dio ti ha creato con uno scopo, con un progetto. Ti ha creato in modo unico, con doni, capacità, personalità e passioni, per realizzare in modo specifico il suo scopo per la tua vita. Satana e il suo regno cercano di privarti della gioia del "disegno originale" di Dio per te. Il progetto di Dio per te non è casuale, ma specifico e mirato.

Salmo 139:13-16
Sì, tu hai formato le mie interiora, tu mi hai intessuto nel grembo di mia madre. Io ti celebrerò, perché sono stato fatto in modo stupendo; le tue opere sono meravigliose, e io lo so molto bene. Le mie ossa non ti erano nascoste quando fui formato in segreto e intessuto nelle profondità della terra. I tuoi occhi videro la massa informe del mio corpo, e nel tuo libro erano già scritti tutti i giorni che erano stati fissati per me, anche se nessuno di essi esisteva ancora.

Efesini 2:10 parla di come Dio ci abbia creati in Cristo Gesù per le sue opere buone: "Noi infatti siamo opera sua, creati in Cristo Gesù per le buone opere che Dio ha precedentemente preparato, perché le compiamo".

5. DIO TI ONORA ABBONDANTEMENTE

Dio ha deciso di renderti coerede con suo Figlio, Gesù Cristo. Tutto ciò che appartiene a Gesù appartiene a te. Sei stato elevato e sei seduto con Cristo nella sua autorità e nella sua potenza. Sei considerato un sacerdote regale e santo nel suo Regno. Sei un figlio o una figlia del Re: sei un membro della famiglia reale in un Regno eterno. Regnerai e giudicherai con Gesù Cristo!

Romani 8:16-17 (NTVi)
Il suo Spirito, infatti, si unisce al nostro spirito per confermare che siamo figli di Dio. E dal momento che siamo suoi figli, siamo anche suoi eredi. Insieme con Cristo, infatti, siamo eredi della gloria di Dio. Ma se ci spetta di condividere la sua gloria, dobbiamo anche condividere le sue sofferenze.

SOZO: RECUPERARE IL PROGETTO DI DIO

Efesini 1:7 (NTVi)
Egli è talmente ricco di bontà e grazia da aver pagato la nostra libertà a prezzo del sangue di suo Figlio e perdonato i nostri peccati.

Quando riceviamo Gesù Cristo come Signore e Salvatore, riceviamo la salvezza; siamo "salvati".

Luca 19:10
"Perché il Figlio dell'uomo è venuto a cercare e a salvare ciò che era perduto".

Ma cosa significa "salvare"? Possiamo ottenere un quadro più ampio della salvezza se consideriamo le varie forme della parola greca *sozo* (tradotta con "salvare" in Luca 19:10). Questa parola comunica una comprensione più completa della salvezza, intesa come "restaurazione", "guarigione" e "rendere intero". Questi termini ci aiutano a capire che cosa aveva in mente Gesù quando è venuto a ministrare la salvezza:

1. RIPRISTINO DEL NOSTRO RAPPORTO CON DIO

Romani 10:9
...poiché se confessi con la tua bocca il Signore Gesù, e credi nel tuo cuore che Dio lo ha risuscitato dai morti, sarai salvato.

2. GUARIGIONE DAL TORMENTO SPIRITUALE O DIABOLICO

Luca 8:36
Or quelli che avevano visto l'accaduto, raccontarono loro come l'indemoniato era stato liberato.

3. RESTAURAZIONE DEL NOSTRO CORPO FISICO

Marco 10:52
E Gesù gli disse: «Va', la tua fede ti ha guarito». E in quell'istante recuperò la vista e si mise a seguire Gesù per la via.

Lo scopo di Gesù nella salvezza è quello di ripristinare e potenziare la persona nella sua totalità: spirito, anima e corpo!

LA BATTAGLIA SPIRITUALE SUL VALORE

Illustrata in Gedeone - Giudici 6-8

Molti possono immedesimarsi in Gedeone. Israele era stato ripetutamente colpito e saccheggiato dalle nazioni vicine. Per sette anni di fila, i popoli vicini avevano rubato il bestiame e il raccolto di Israele. Gli israeliti erano abbattuti, umiliati e sminuiti, pieni di paura e di senso di inferiorità.

Gedeone, pieno di paura e di inadeguatezza, si nascose in una buca per il torchio per trebbiare il grano. La trebbiatura era di solito un lavoro che si svolgeva in luoghi elevati, dove il vento poteva soffiare via la pula mentre i chicchi di grano cadevano a terra. Ma nello stato di paura e di debolezza di Gedeone, questo per lui era troppo rischioso.

Mentre lavorava, l'angelo del Signore apparve a Gedeone e lo chiamò *eroe potente* (nella versione inglese NLT). Alcune traduzioni dicono guerriero *valoroso*. Giudici 6:11-15 riporta la risposta di Gedeone:

Giudici 6:11-12, 14-15
...Gedeone batteva il grano nello strettoio, per sottrarlo ai Madianiti. L'Angelo dell'Eterno gli apparve e gli disse: «L'Eterno è con te, o guerriero valoroso!». ...Allora l'Eterno si volse a lui e gli disse: «Va' con questa tua forza e salva Israele dalla mano di Madian. Non sono io che ti mando?». Egli gli rispose: «O mio Signore, come salverò Israele? Ecco, la mia famiglia è la più debole di Manasse, e io sono il più piccolo nella casa di mio padre».

Biblicamente, il significato del nome Gedeone è "colui che schiaccia o spezza, colui che distrugge". La prospettiva di Dio su Gedeone nel suo disegno originale era in conflitto con la prospettiva di Gedeone su se stesso. La prospettiva di Dio vedeva Gedeone come un potente eroe, un guerriero valoroso. Gedeone, dalla sua prospettiva, si vedeva sminuito.

L'orgoglio e il sentire di non contare nulla partono dallo stesso punto: la concentrazione su noi stessi. L'insignificanza spesso si concentra sulle nostre esperienze, sulle ingiustizie che abbiamo ricevuto, sulle parole invalidanti che gli altri ci hanno rivolto, su una vita di carenza d'amore e sulla nostra cultura che alimenta il non sentirsi importanti e valorizzati. L'insignificanza ci fa credere di essere inferiori, di avere meno valore e importanza per Dio e per gli altri.

Il Signore cercò Gedeone proprio in questo luogo, in questo nascondiglio, e cambiò radicalmente il modo in cui egli vedeva se stesso, il suo mondo e il suo futuro. Dopo alcuni ulteriori incontri con Dio, Gedeone si trasformò in un potente eroe, in un guerriero valoroso. Divenne un uomo che schiacciava e distruggeva i nemici di Israele. Divenne il liberatore e il leader di Israele, come si vede nei capitoli 6-8 di Giudici.

Dio cerca te e me nei nostri luoghi di insignificanza per cambiare radicalmente il modo in cui viviamo e vediamo noi stessi, proprio come ha fatto con Gedeone.

ESERCIZIO SULLA FORTEZZA: SENTIRSI INSIGNIFICANTI

Una fortezza di insignificanza e inferiorità filtra la nostra percezione della realtà con la menzogna che non siamo amati e apprezzati semplicemente per quello che siamo. Noi e gli altri percepiamo il nostro valore in base alla nostra posizione, alle nostre capacità, all'aspetto, al nostro status, al nostro successo, ai beni che possediamo, alla nostra carriera o al nostro ministero. Non riusciamo a riconoscere che siamo incondizionatamente amati e apprezzati da Dio.

RICONOSCERE L'INSIGNIFICANZA

Considera in preghiera gli elenchi sottostanti e spunta le affermazioni che ti si addicono. Se non sei sicuro, ma pensi che potrebbero riguardarti anche solo in parte, spuntale ugualmente:

BUGIE ED ETICHETTE

- ❑ Sono eccessivamente a disagio con me stesso e non riesco a confrontarmi con gli altri.
- ❑ Spesso lotto con l'autocommiserazione, la rabbia, la gelosia, l'ambizione egoistica e la cupidigia.
- ❑ Sento di non avere un'appartenenza.
- ❑ Riesco quasi sempre a vedere come gli altri siano più in gamba o più importanti di me.
- ❑ Ho difficoltà a ricevere la promessa che Dio ha uno scopo per me.

INGANNI INTERIORI

- ❑ Sono nessuno venuto dal nulla.
- ❑ Non ho niente da dare a nessuno.
- ❑ Non vuoi parlare con me – perché dovresti?
- ❑ Non prendo l'iniziativa per salutare le persone; temo il rifiuto.

Note:

- ❏ Tutti nella mia famiglia, me compreso, sono un "signor nessuno".
- ❏ Non vedo alcun "valore strategico" riguardo a chi e a cosa il Signore mi ha creato per essere e fare.
- ❏ Penso spesso a me stesso, soffermandomi su di me piuttosto che sugli altri.

BUGIE DI CONFRONTO

- ❏ Spesso mi paragono agli altri.
- ❏ Mi chiedo cosa pensino gli altri di me (mi faccio condizionare dagli altri).
- ❏ Mi paragono costantemente agli altri e di solito non mi sento all'altezza.
- ❏ Ho paura di parlare con persone che considero superiori a me.
- ❏ Desidero i doni, le abilità e le capacità degli altri.

BUGIE DI SVALUTAZIONE

- ❏ Preferisco rimanere nascosto e anonimo e non ricevere incarichi.
- ❏ Voglio solo compiti facili che posso portare a termine con le mie capacità.
- ❏ Evito i rischi di fronte agli altri.
- ❏ Preferisco stare da solo perché è più sicuro, più facile e richiede meno lavoro.

INGANNO SPIRITUALE

- ❏ Il Signore non prende sul serio le mie preghiere.
- ❏ È difficile per me credere che Dio mi abbia scelto per uno scopo importante.
- ❏ Sento di essere insignificante per il Signore.
- ❏ Il Signore non mi parla.
- ❏ Spesso metto in dubbio la presenza di Dio nella mia vita.
- ❏ Non credo di avere una significativa autorità spirituale.
- ❏ Non riesco a vedere il mio destino (anche quando qualcuno cerca di comunicarmelo).

AUTOCOMMISERAZIONE

- ❏ Non biasimo gli altri per non aver visto nulla di buono in me.
- ❏ Gli altri non hanno creduto in me; come posso credere in me stesso?
- ❏ Sono vittima di una vita difficile.

- ❏ Non ci si deve aspettare molto da me.
- ❏ Mi sento rifiutato se non vengo incoraggiato o apprezzato.

SMINUIRE GLI ALTRI

- ❏ Sono critico nei confronti degli altri perché non potrei fare o non farei le cose "in quel modo".
- ❏ Critico gli altri perché credo che si ritengano superiori a me.
- ❏ Non benedico gli altri perché penso che i miei pensieri e i miei incoraggiamenti non siano importanti per loro.
- ❏ Mi trattengo dal benedire gli altri perché non voglio che mi superino (mi sento minacciato e insicuro).

L'INGANNO DELL'AMBIZIONE

- ❏ Faccio ciò che penso che gli altri vorrebbero che facessi.
- ❏ Dico cose che credo facciano sì che gli altri mi approvino.
- ❏ Mi sento insicuro se gli altri pensano male di me.
- ❏ Mi è difficile gestire gli insuccessi.
- ❏ Il successo è una priorità molto alta per me.
- ❏ Voglio che gli altri pensino bene di me.
- ❏ Tengo molto alla mia reputazione.

MODELLO DI PREGHIERA "PENTIRSI-SGRIDARE-SOSTITUIRE-RICEVERE": APPLICAZIONE PRATICA DI GIACOMO 4

Quello che segue è un modello di preghiera che ci aiuta ad applicare alla nostra vita le verità contenute nel capitolo 4 di Giacomo: *"Sottomettetevi dunque a Dio, resistete al diavolo ed egli fuggirà da voi. Avvicinatevi a Dio ed egli si avvicinerà a voi"* (Giacomo 4:7-8a). Possiamo suddividere i principi di questo brano in quattro passi:

1. PENTIRSI (pentirsi della propria mentalità e delle proprie azioni di insignificanza).

2. SGRIDARE (sgridare i demoni e rifiutare le bugie che si oppongono alla verità di Dio).

3. SOSTITUIRE (confessare il proprio impegno a vivere e rinnovare la propria mente nella verità).

4. RICEVERE (ricevere l'opera di guarigione dello Spirito di Dio).

RECUPERARE IL SENSO DI VALORE

MODELLO DI PREGHIERA CONTRO L'INSIGNIFICANZA

PENTIRSI: Assumiti la responsabilità del fatto di non sentirti importante.

Esempio di preghiera: Signore, dichiaro il mio pentimento riguardo l'insignificanza. Confesso in questo stesso momento che le ho permesso di diventare parte della mia vita. La dichiaro come peccato davanti a te e confesso di essermi sottomesso ad essa. In questo momento spezzo l'insignificanza in ogni ambito della mia vita, girandomi nella direzione opposta e vivendo nella tua verità che sono importante in Gesù Cristo e che tu mi consideri importante.

SGRIDARE: Rifiuta tutte le menzogne a cui ti sei aggrappato riguardo alla tua mentalità e al peccato di insignificanza nella tua vita. Nell'autorità di Gesù Cristo, resisti a Satana e a tutti gli spiriti maligni che hanno trovato spazio per opprimerti attraverso l'insignificanza e l'insicurezza.

Esempio di preghiera: In questo momento respingo e lego le bugie del nemico. Il loro attacco alla mia vita, incentrato sull'insignificanza, è stato spezzato. Mi rifiuto di credere di essere insignificante. Sgrido ogni spirito maligno che alimenta l'insignificanza nella mia vita. Ti ordino di andare ai piedi di Gesù per ricevere da lui il tuo giudizio.

SOSTITUIRE: Ci vuole un odio assoluto per il peccato di insignificanza per poterne uscire. È una pulizia profonda di una parte della tua personalità, che include il tuo modo di pensare, le tue reazioni e le tue motivazioni. Quando inizi a provare angoscia interiore, fermati e chiedi al Signore se il problema è l'insignificanza. Se è così, confessalo e ricevi la sua purificazione. Riconosci e afferma che Dio è l'unico degno di controllare la tua vita e che i suoi piani per te sono perfetti in ogni aspetto.

Esempio di preghiera: Signore, credo e dichiaro di essere importante per te e di avere uno scopo nel tuo Regno. Vivrò con la convinzione che mi ami di un amore eterno. Credo di essere il tuo capolavoro, creato per scopi importanti per te e per gli altri.

RICEVERE: Ringrazia il Signore che ti ha completamente perdonato. Ricevi la sua piena purificazione e gioisci. Chiedi che lo Spirito Santo riempia ogni luogo che un tempo era abitato dal peccato dell'insignificanza.

Esempio di preghiera: Signore, ricevo il tuo perdono per il peccato di insignificanza nella mia vita. Ricevo il tuo amore per me. Riempimi con il tuo Spirito Santo affinché io possa vivere in modo soprannaturale nella libertà della fede e della fiducia in te e per servire gli altri.

VIVERE CON LA CONSAPEVOLEZZA DI AVERE VALORE

La chiave per vivere con la consapevolezza di avere valore è distogliere lo sguardo da noi stessi e rivolgersi al Signore. Permettiamogli di definirci, di rivestirci di giustizia, di farci sedere con lui nei luoghi celesti e di elargirci dei doni.

- ❏ Sceglierò di credere a ciò che Dio dice di me, e non a ciò che io o gli altri (o persino le circostanze) potrebbero suggerire su di me.
- ❏ Dio mi ama infinitamente come suo figlio/a. (Efesini 3:16-20)
- ❏ Sono opera di Dio. (Efesini 2:10)
- ❏ Sono sicuro dell'amore incondizionato di Dio per me. (1 Giovanni 3:1)
- ❏ Ho uno spirito di forza, di amore e una mente sana. (2 Timoteo 1:7)
- ❏ Dio mi ha scelto per i suoi scopi. (Efesini 2:10)
- ❏ Mi è stata data autorità in Gesù Cristo. (Luca 10:19)
- ❏ Io sono il sale della terra, la luce del mondo. (Matteo 5:13-14)
- ❏ Sono al sicuro nell'amore di Dio e sono molto gradito. (Romani 8:38-39)
- ❏ Sono completo in Cristo. (Colossesi 1:10)
- ❏ Posso entrare liberamente alla presenza di Dio. (Ebrei 4:14-16)
- ❏ Il Regno di Dio è dentro di me. (Luca 17:20-21)
- ❏ Dio dirige il mio cammino quando lo cerco. (Proverbi 3:5-6)
- ❏ Sono libero da ogni condanna. (Romani 8:1-2)

Capitolo Due
UN MONDO, DUE REGNI

Note:

INTRODUZIONE

La Bibbia ci insegna che il mondo in cui viviamo ha due regni: uno fisico e uno spirituale. In un regno, quello naturale, possiamo usare facilmente i nostri cinque sensi: vediamo con gli occhi, sentiamo con le orecchie, odoriamo, gustiamo e tocchiamo.

Tuttavia, questi stessi cinque sensi naturali non ci aiutano molto nel regno spirituale. Potremmo dire che un regno – quello naturale – è materiale, mentre l'altro regno – quello celeste – è invisibile o spirituale.

L'essere invisibile a occhio nudo non rende il regno celeste meno "reale". Pur essendo distinti, questi due regni operano contemporaneamente e interagiscono nella nostra vita. Come funziona? La storia di Giobbe nell'Antico Testamento è certamente esplicativa a questo proposito.

LA REALTÀ FISICA DELL'ESPERIENZA DI GIOBBE

Le disgrazie di Giobbe furono tanto diverse quanto tragiche. Perse le sue mandrie, le greggi e i servi a causa dei saccheggi delle tribù vicine. Se ciò non fosse già abbastanza tragico, altri suoi servi e animali morirono colpiti dalla caduta di un fulmine. La possibilità di guadagno di Giobbe fu devastata da questi eventi.

Poi gli giunse il resoconto ancora più angosciante che i suoi figli e le sue figlie erano stati uccisi da un'insolita tempesta. Le disgrazie di Giobbe divennero ancora più intime e personali quando perse la sua salute e il suo matrimonio divenne estremamente travagliato.

Se guardiamo alle disgrazie di Giobbe solo attraverso la lente del mondo naturale, rimaniamo sbalorditi da una sequenza così singolare e concomitante di tragedie. Se dovessimo dare un consiglio a Giobbe, potremmo suggerirgli di abbonarsi a un'applicazione meteo, di acquistare un sistema di sicurezza, di fissare un appuntamento in una clinica medica all'avanguardia, di trovare un consulente finanziario e di chiamare un consulente matrimoniale.

LA REALTÀ SPIRITUALE DELL'ESPERIENZA DI GIOBBE

Ad un'osservazione superficiale si avrebbe l'impressione che le disgrazie siano semplicemente di natura fisica, legate al mondo naturale. Ma leggendo i primi due capitoli di Giobbe, ci rendiamo conto che c'è dell'altro (Giobbe 1:9-12, 2:1-7).

IL RESTO DELLA STORIA

Alla luce delle Scritture sopra citate, risulta evidente che nel mondo di Giobbe stesse succedendo qualcosa di più di ciò che si poteva vedere fisicamente. Ciò che è accaduto nella vita di Giobbe è dovuto al coinvolgimento e al potere di Satana. Il regno spirituale è proprio questo: "spirituale" e invisibile all'occhio naturale; tuttavia è estremamente reale.

La capacità delle forze spirituali di influenzarci nel regno naturale potrebbe essere maggiore di quanto molti seguaci di Cristo oggi siano disposti ad ammettere. Satana ha influenzato la volontà degli uomini di attaccare, aggredire, uccidere altre persone e distruggere tutti i mezzi di sostentamento di Giobbe (ossia le sue greggi e i suoi armenti). Il diavolo era in grado di condizionare il tempo, di intaccare la salute di Giobbe, di influenzare gli uomini a uccidere altre persone e di mettere a dura prova il legame coniugale di Giobbe.

COMPRENDERE I DUE REGNI

Dio vuole che comprendiamo ciò che accade nel regno spirituale così come in quello naturale. Dobbiamo diventare esperti nel vivere abilmente in entrambi i regni contemporaneamente. Che cosa costituisce i due regni e che cosa li distingue?

IL "REGNO CELESTE" (il regno spirituale invisibile)
Questo regno comprende tutto ciò che è spirituale, invisibile o nascosto nel mondo naturale. Dio è spirito (Giovanni 4:24); lo Spirito Santo, naturalmente, è spirito, così come gli esseri angelici e demoniaci, le maledizioni e le benedizioni. Questo regno non ha una collocazione spaziale, ma è un regno di esistenza, economia e funzione. Esiste ovunque.

IL "REGNO NATURALE" (regno visibile del naturale e del materiale)
Questo regno comprende tutto ciò che può essere percepito dai sensi nel mondo fisico. I cinque sensi della vista, dell'udito, dell'olfatto, del tatto e del gusto ti aiutano a farti strada in questo regno.

I DUE REGNI ENTRANO IN CONTATTO

Il principe di Persia

In Daniele 10 leggiamo che Daniele aveva pregato ardentemente e aveva cercato la faccia di Dio. Per tre settimane non ci fu alcuna risposta apparente alle sue preghiere; sembrava che non stesse accadendo nulla.

Ma nei cieli era in corso una guerra feroce. Il principe demoniaco che sovrintendeva al regno di Persia aveva eretto un blocco diabolico, impedendo a Daniele di ricevere la risposta che avrebbe sbloccato il futuro di Israele. Alla fine, l'angelo messaggero di Dio riuscì ad avanzare fino a Daniele e leggiamo quanto segue:

Daniele 10:12-13
Egli allora mi disse: «Non temere, Daniele, perché dal primo giorno che ti mettesti in cuore di intendere e di umiliarti davanti al tuo Dio, le tue parole sono state ascoltate e io sono venuto in risposta alle tue parole. Ma il principe del regno di Persia mi ha resistito ventun giorni; però ecco, Mikael, uno dei primi principi, mi è venuto in aiuto, perché ero rimasto là con il re di Persia».

Questo "principe di Persia" era in azione contro Israele. Alla fine Michele, un angelo scelto di autorità superiore, fu inviato in aiuto. Le preghiere di Daniele, in qualche modo, sono entrate in contatto con la battaglia celeste. Ci viene detto che dal primo giorno in cui iniziò a pregare, fu dato l'ordine all'angelo di portare il messaggio; ma era in corso una violenta battaglia nei cieli.

Il principe di Grecia

È interessante notare che questo angelo messaggero disse a Daniele che lui (l'angelo) doveva continuare la sua battaglia contro il principe di Persia. Poi informò Daniele che presto sarebbe arrivato il principe di Grecia, lasciando intendere che avrebbe intrapreso una battaglia contro questo demone.

Daniele 10:20 (NR06)
Egli disse: "Sai perché sono venuto da te? Ora torno a lottare con il re di Persia; e quando uscirò a combattere, verrà il principe di Grecia".

Sappiamo che la civiltà greca entrò in scena circa 200 anni dopo questo incontro, ma il suo avvento fu preceduto da un'altra battaglia nei cieli. Dobbiamo renderci conto che ciò che avviene nel regno naturale è il risultato di ciò che è avvenuto – e sta avvenendo – nei cieli.

IN SINTESI

Puoi non essere in grado di percepire fisicamente il regno celeste come il regno naturale, ma questo non ne sminuisce la realtà. La tua vita è influenzata e fortemente condizionata da ciò che avviene nel regno celeste. Infatti, ciò che accade nel tuo mondo fisico, il più delle volte, è il risultato di ciò che è già accaduto nel regno celeste. A sua volta, il modo in cui viviamo la nostra vita nel regno naturale ha un'influenza su ciò che accade nel regno celeste. Entrambi i regni operano e si influenzano a vicenda; quando comprendiamo questo, possiamo prendere autorità e influenzare il regno celeste attraverso il modo in cui operiamo nel regno naturale!

ESERCIZIO SULLA FORTEZZA: LA PAURA

LA BATTAGLIA SPIRITUALE CONTRO LA PAURA

La maggior parte di noi non si rende conto di quanto la paura sia profondamente radicata nella nostra vita quotidiana. La natura della paura è quella di ingannare. Le Scritture dicono chiaramente che il Signore vuole che siamo liberi dalla paura paralizzante. Vediamo la sua definizione e alcuni termini correlati:

> **Paura:** [sostantivo] 1) un'emozione sgradevole, spesso forte, causata dalla previsione o dalla consapevolezza di un pericolo; 2) una manifestazione di questa emozione; 3) uno stato caratterizzato da questa emozione.

> **Ingannare:** [verbo] sinonimi... RAGGIRARE, FUORVIARE, e SEDURRE, col significato di sviare o ostacolare, di solito in modo subdolo. INGANNARE implica l'imposizione di una falsa idea o convinzione che causa ignoranza, smarrimento, impotenza o "paura".[1]

DA DOVE VIENE LA PAURA?

1. NON VIENE DA DIO.

2 Timoteo 1:7
Dio infatti non ci ha dato uno spirito di paura, ma di forza, di amore e di disciplina.

---
[1] Dizionario online Merriam-Webster. 2006. http://www.merriam-webster.com. 8 gennaio 2006.

2. L'INCREDULITÀ FAVORISCE LA PAURA.

Matteo 14:30-31
Ma, vedendo il vento forte, ebbe paura e, cominciando ad affondare, gridò dicendo: «Signore, salvami!». E subito Gesù stese la mano, lo prese e gli disse: «O uomo di poca fede, perché hai dubitato?».

La paura è una risposta dell'ansia al pericolo che scatena un'azione emotiva. In questo senso, la paura è tipica del regno naturale. E, in un certo senso, la paura è utile per proteggersi da una minaccia. Esistono quindi due tipi di paura: quella naturale e quella maligna. Esaminiamoli entrambi:

Paura naturale

1. La paura si manifesta ogni volta che esiste la possibilità di un pericolo reale o percepito.
2. La paura è caratteristica di una persona nel contesto naturale della vita.
3. Dio comanda al suo popolo di non vivere nella paura e di non permettere alla paura di controllarlo.
4. Dio comanda al suo popolo di non temere sulla base del suo carattere e della sua parola, perché è più grande di tutte le fonti della paura.

Paura maligna

1. La paura cattiva può provocare:
   - Paralisi
   - Panico
   - Scarsa capacità decisionale
   - Incredulità e sfiducia in Dio

2. La paura malsana valuta le circostanze o le situazioni al di fuori della provvidenza, del potere, della protezione e dell'amore di Dio.

IL VERO PROBLEMA DELLA PAURA

Quando affrontiamo la fortezza della paura, è importante ricordare che la sua natura è quella di ingannare (fuorviare con un'apparenza o una dichiarazione falsa; abbindolare, rappresentare in modo errato, beffare, disinformare, depistare). **Il vero potere della paura è l'incredulità verso Dio, le sue promesse, il suo carattere e la sua Parola.**

Ci sono molti esempi biblici della paura e dei suoi giudizi:

- **La paura di Abramo** lo portò a mentire e a mettere in pericolo sua moglie, non una ma ben due volte (Genesi 12:10-20, 20:1-18).
- **La paura di Israele** e la sua incredulità furono il motivo per cui un'intera generazione non vide la terra promessa loro da Dio (Canaan) e morì nel deserto sotto il giudizio (Numeri 14).
- **La paura del re Saul** nei confronti di Golia compromise la sua leadership come re d'Israele (1 Samuele 17:11).

D'altro canto:
- **Mosè, Giosuè e Caleb furono uomini di fede** in un contesto di incredulità in Israele nei confronti dei giganti e dei pericoli di Canaan (Numeri 13-14).
- **Il re Davide dimostrò coraggio,** grazie alla sua fede in Dio, nei confronti dello stesso Golia che aveva affrontato il re Saul (1 Samuele 17:45-48).

LA DEFORMAZIONE DELLA PAURA

Dietro ogni paura si cela una bugia che crea una visione distorta della realtà. La tua paura del pericolo o della sconfitta domina i tuoi pensieri e influenza i tuoi atteggiamenti e le tue azioni.

La paura è una delle armi principali di Satana per mettere fuori gioco il popolo di Dio. Deve essere smascherata, smantellata e distrutta nella nostra vita individuale e nella nostra vita di gruppo se vogliamo vivere con potenza in Dio.

L'ESSENZA SPIRITUALE DELLA PAURA

La maggior parte delle paure ha un'energia spirituale al proprio interno che ci tiene stretti nella loro morsa, inibendo la nostra vita e la nostra ubbidienza a Dio. Il Nuovo Testamento collega la paura ai territori spirituali delle tenebre. Satana semina le sue menzogne nella nostra vita con l'obiettivo di renderci schiavi della paura, in modo da non farci vivere una vita di fede fiduciosa, arresa, coraggiosa e dinamica.

Le Scritture indicano chiaramente che il Signore vuole che siamo liberi dalla paura. La paura non è solo uno stato mentale o un atteggiamento negativo. Essa coinvolge il regno demoniaco (2 Timoteo 1:7). La paura è un mandato del nemico per tormentare la tua anima, contaminare il tuo spirito e privarti dell'amore di Dio, della sua potenza e di una mente sana. Pertanto, dobbiamo affrontarla spiritualmente, non solo emotivamente o psicologicamente.

Ottieni libertà dalla paura quando:

- permetti alla potenza dello Spirito Santo di rivelare la presenza della paura nella tua vita;
- porti la paura alla croce attraverso il perdono e l'affermazione della verità;
- respingi le bugie e gli spiriti demoniaci che danno a queste paure il potere sui nostri pensieri, sulle nostre emozioni e sui nostri comportamenti;
- ricevi la potenza dello Spirito Santo e agisci per muoverti in uno spirito opposto: la FEDE!

ESERCIZIO SULLA FORTEZZA: PAURA

RICONOSCERE LA PAURA

In quali ambiti della tua vita stai alimentando la paura? Considera in preghiera il seguente elenco e spunta le caselle che fanno al caso tuo:

PAURE LEGATE A DIO E ALLA VITA NEL SUO REGNO

1 Giovanni 4:18
Nell'amore non c'è paura, anzi l'amore perfetto caccia via la paura, perché la paura ha a che fare con la punizione, e chi ha paura non è perfetto nell'amore.

- ❏ La paura determina i momenti di raccoglimento e di preghiera.
- ❏ Baso il mio rapporto con Dio sulle mie prestazioni; devo guadagnarmi la sua attenzione.
- ❏ Temo di deludere il Signore o che lui mi chieda troppo.
- ❏ Ho paura che dare fedelmente a Dio metta a dura prova le mie risorse.
- ❏ Ho paura che Dio esiga troppo da me.
- ❏ Lotto con pensieri innaturali riguardo alla sofferenza.
- ❏ Tendo ad avere paura di non conoscere la volontà di Dio o di non essere in grado di essere fedele ad essa.
- ❏ Ho paura di fare un passo di fede e che Dio non mi venga in aiuto.
- ❏ Ho paura della potenza manifesta di Dio.

Temo:

- ❏ La realtà dei demoni
- ❏ La guarigione
- ❏ La potenziale persecuzione
- ❏ Essere considerato squilibrato o fanatico
- ❏ Il costo di seguire Cristo
- ❏ L'opera dello Spirito Santo
- ❏ False manifestazioni
- ❏ La guerra spirituale

PAURA DEGLI ALTRI

Proverbi 29:25
La paura dell'uomo costituisce un laccio, ma chi confida nell'Eterno è al sicuro.

Isaia 51:7 (NR06)
"Ascoltatemi, voi che conoscete la giustizia, popolo che hai nel cuore la mia legge!

- ☐ Evito di prendere posizione perché temo di sbagliare o che gli altri non approvino.
- ☐ Passo molto tempo a chiedermi cosa pensano gli altri di me.
- ☐ Mi preoccupo di ciò che gli altri dicono di me.
- ☐ Ho paura di parlare davanti agli altri.
- ☐ Mi è difficile essere me stesso con gli altri.
- ☐ Sono un grande sostenitore del "seguire la corrente" e di non irritare gli altri, anche se sono in forte disaccordo con loro.
- ☐ Relazionarmi con gli altri su questioni spirituali mi mette a disagio, quindi evito i piccoli gruppi o le relazioni di discepolato.
- ☐ Temo di essere percepito come un fallimento.
- ☐ Se spicco tra la folla, verrò ridicolizzato.
- ☐ Se instauro delle relazioni, verrò rifiutato.
- ☐ Mi allontano dalle persone influenti/di successo e da quelle in posizione di autorità.
- ☐ Spesso non faccio cose che penso di dover fare o mi arrendo perché potrei fallire.

PAURA PER IL FUTURO O DI CATTIVE NOTIZIE

Salmo 112:7-8
Egli non temerà cattive notizie; il suo cuore è fermo, fiducioso nell'Eterno. Il suo cuore è sicuro; egli non avrà paura alcuna, finché non guarderà trionfante sui suoi nemici.

- ☐ Spesso mi preoccupo di cose come trovare un compagno o il lavoro giusto, o di avere successo nel lavoro che ho.
- ☐ Molte volte sono inquieto per il futuro senza sapere perché.
- ☐ Sono generalmente in tensione per le preoccupazioni relative ai miei figli; cerco sempre di proteggerli dalle cose brutte.
- ☐ Ho una o più paure ossessive (per esempio, paura degli animali, paura dell'altezza, paura degli spazi chiusi, di volare, delle catastrofi naturali, ecc.).
- ☐ Vivo regolarmente come se stessi aspettando che accada l'inevitabile.
- ☐ Mi ritrovo spesso a pensare che qualcuno che amo sia gravemente ferito, si ammali o muoia.
- ☐ Ho paura che il mio matrimonio fallisca o che i miei figli non "vengano su" bene.

Note:

- ❏ Faccio fatica a godermi i momenti belli perché mi chiedo quanto dureranno.
- ❏ Quando prendo delle decisioni, spesso temo di prendere la decisione sbagliata.
- ❏ Ho paura della morte.
- ❏ Ho paura della malattia.
- ❏ Ho paura del cancro.
- ❏ Ho paura che il mio coniuge muoia.
- ❏ Paura che non venga provveduto ciò di cui ho bisogno.
- ❏ Paura della solitudine.
- ❏ Ho la fobia di_____, _____.

RECUPERARE LA FEDE, LA CONVINZIONE E LA FIDUCIA

MODELLO DI PREGHIERA CONTRO LA PAURA

PENTIRSI: Scagliati con forza contro il peccato della paura, nominando tutte le cose di cui hai timore.

Confessale come peccato e chiedi il perdono di Dio. Pentiti delle scelte peccaminose che hai fatto a causa della tua paura, soprattutto del timore dell'uomo anziché di Dio. Concorda con Dio sul fatto che hai peccato non credendo che lui provvederà o che faccia tutto per il tuo bene.

> *Esempio di preghiera*: Padre celeste, ho permesso che la paura segnasse la mia vita e il mio cammino con te. Ti chiedo perdono per ogni modo in cui la paura ha condizionato la mia vita e la vita di coloro che sono sotto la mia influenza. Ti chiedo perdono per ogni modo in cui mi sono opposto a te, ho rifiutato i tuoi comandi e ho rinnegato il tuo carattere a causa della paura. Ti chiedo perdono per la paura dell'uomo, la paura del futuro, la paura dell'ignoto, la paura irrazionale, la paura del fallimento e altre paure. Queste sono il risultato della mancata fiducia in te e le confesso come peccati! Ora scelgo il pentimento, impegnandomi a rompere gli schemi della paura nella mia vita.

SGRIDARE: Rifiuta tutte le bugie che hai abbracciato e che ti tengono schiavo della paura: paura del fallimento, paura del futuro, paura degli altri, una pericolosa paura di Dio.

Nell'autorità di Gesù Cristo, resisti a Satana e a tutti gli spiriti maligni che hanno trovato spazio per opprimerti attraverso le tue paure peccaminose e chiudi fermamente la porta alla loro attività nella tua vita.

Esempio di preghiera: *Nel nome di Gesù, ripudio ogni bugia e sgrido ogni spirito maligno che ha influenzato la mia vita a causa del peccato della paura. Respingo la bugia secondo cui non ci si può fidare di Dio. Respingo la bugia secondo cui Dio non è buono e respingo la bugia secondo cui Dio non è sovrano su tutte le cose. Attraverso la potenza del sangue di Cristo, ora sono libero dalla trappola della paura. Per l'autorità di Gesù Cristo, ordino a ogni spirito di paura di fuggire.*

SOSTITUIRE: Riconosci e afferma che Dio tiene la tua vita nelle sue mani e che camminerà con te in ogni tempesta.

Pronuncia affermazioni basate sui versi riportati sopra e usa le tue relative dichiarazioni personali per affermare che ora camminerai in uno spirito di fede, convinzione e fiducia invece che di paura e angoscia.

Esempio di preghiera: *Dichiaro per la grazia di Dio che vivrò nella verità, nella fede, nel coraggio e nella fiducia in lui, nel suo carattere e nelle sue verità. Vivrò la mia vita in completa e gioiosa obbedienza a Dio, confidando di poter fare ogni cosa in e per mezzo di Gesù Cristo. Affiderò tutto a Dio con la fede che egli sarà con me per provvedere, proteggere e dirigere la mia vita.*

RICEVERE: Ringrazia il Signore per come ti ha perdonato gratuitamente.

Chiedi e ricevi il riempimento dello Spirito Santo, affinché ogni luogo che un tempo era abitato dal peccato della paura sia riempito dalla pienezza del suo Spirito.

Esempio di preghiera: Padre, ricevo il tuo perdono. Ricevo con fiducia la piena misura del tuo Spirito, sapendo di essere stato lavato dal sangue di Cristo che mi ha amato al punto di sacrificarsi. Grazie per riempirmi ora completamente con il tuo Spirito rigenerante e con la pace, la sicurezza e la fiducia di cui ho bisogno per vivere libero dalla paura.

Mentre la paura è radicata nell'inganno e nella menzogna, la fede è radicata nelle parole di verità che scaturiscono dal carattere vero e affidabile di Dio. La fede non è solo l'antidoto alla paura, ma la forza essenziale e soprannaturale che sprigiona la potenza della resurrezione e porta il cielo sulla terra. La fede è molto più forte della paura e ci permette non solo di sopravvivere a questa vita, ma di gustare e liberare la vita soprannaturale e abbondante di Dio in questo mondo saturo di peccato, decadenza e morte.

SOSTITUIRE: Come camminare praticamente nello spirito opposto.

1. **Riconoscerò la verità di Dio:**
   - Attraverso le Scritture stesse.
   - Attraverso la Parola di Dio pronunciata in situazioni specifiche (vedi Atti 27:23-26).

2. **Riceverò e crederò la verità di Dio,** il che significa entrare in un'intesa a un livello profondo del cuore e permettere alla parola vivente di Dio di rilasciare in te la fede, mentre ricevi e mediti sulla sua verità dinamica.

4. **Dichiarerò la verità di Dio sulla mia situazione,** perché dichiarare per fede la parola di Dio in una situazione provoca un cambiamento e rilascia potenza nel regno dello spirito che si manifesterà nel regno naturale. Le nostre parole rilasciano la potenza di Dio.

1 Samuele 17:45-47
Allora Davide rispose al Filisteo: «Oggi stesso l'Eterno ti consegnerà nelle mie mani; e io ti abbatterò, ti taglierò la testa e darò oggi stesso i cadaveri dell'esercito dei Filistei agli uccelli del cielo e alle fiere della terra, affinché tutta la terra sappia che c'è un Dio in Israele. Allora tutta questa moltitudine saprà che l'Eterno non salva per mezzo di spada né per mezzo di lancia; poiché l'esito della battaglia dipende dall'Eterno, ed egli vi darà nelle nostre mani».

5. **Agirò in base alla verità di Dio.** La fede deve essere accompagnata da azioni guidate e rafforzate dallo Spirito Santo.

1 Samuele 17:48
Quando il Filisteo si mosse e si fece avanti per andare incontro a Davide, anche Davide corse prontamente verso la linea di battaglia incontro al Filisteo.

VERSI BIBLICI

Salmo 118:6 (NR06)
Il Signore è per me; io non temerò; che cosa può farmi l'uomo?

Filippesi 4:6-7
Non siate in ansietà per cosa alcuna, ma in ogni cosa le vostre richieste siano rese note a Dio mediante preghiera e supplica, con ringraziamento. E la pace di Dio, che sopravanza ogni intelligenza, custodirà i vostri cuori e le vostre menti in Cristo Gesù.

2 Timoteo 1:7
Dio infatti non ci ha dato uno spirito di paura, ma di forza, di amore e di disciplina.

Capitolo Tre
POTENZA E AUTORITÀ DEL CRISTIANO

L'AUTORITÀ E LA POTENZA DI GESÙ SONO INDISPENSABILI

Atti 1:4-5, 8
E, ritrovandosi assieme a loro, comandò loro che non si allontanassero da Gerusalemme, ma che aspettassero la promessa del Padre: «Che, egli disse, voi avete udito da me. Perché Giovanni battezzò con acqua, ma voi sarete battezzati con lo Spirito Santo, fra non molti giorni» ... Ma voi riceverete potenza quando lo Spirito Santo verrà su di voi, e mi sarete testimoni in Gerusalemme e in tutta la Giudea, in Samaria e fino all'estremità della terra.

1 Corinzi 4:19-20
Ma verrò presto da voi, se piace al Signore, e conoscerò non il parlare, ma la potenza di coloro che si sono gonfiati, perché il regno di Dio non consiste in parole, ma in potenza.

LA DISTINZIONE TRA AUTORITÀ E POTENZA

Sebbene l'autorità e la potenza di Dio siano indissolubilmente collegate, esiste una netta differenza tra le due. Si noterà che Gesù è stato identificato come avente l'autorità e la potenza di Dio. Allo stesso modo, Gesù ha conferito ai suoi discepoli sia l'autorità che la potenza.

Luca 4:36
Allora tutti furono presi da stupore e si dicevano l'un l'altro: «Che parola è mai questa? Egli comanda con autorità e potenza agli spiriti immondi, e questi escono».

1. L'AUTORITÀ È IL DIRITTO DI GOVERNARE.

L'autorità si basa su una determinata posizione. La posizione conferisce a quella persona il diritto di governare entro i limiti e le finalità di un'autorità stabilita.

2. LA POTENZA È LA CAPACITÀ PER GOVERNARE.

Le Scritture sono molto chiare. A noi è stata estesa l'autorità di Cristo per svolgere e portare avanti gli incarichi del suo Regno. Ma non tutti i credenti sono in grado di esercitare la loro autorità in modo potente. L'autorità di Cristo rimane latente nella loro vita. Le ragioni di questa non necessaria anemia spirituale nei credenti sono molteplici, tra cui l'ignoranza, l'incredulità, la passività, il peccato, e altro ancora.

Il ministero di Gesù svolto sulla terra dal suo popolo richiede la sua potenza e la sua autorità. È per questo che l'ha data ai suoi discepoli, come vediamo chiaramente in Luca 9, ed è per questo che, alla sua ascensione, ha istruito i discepoli, i 120, a non andare a svolgere il ministero finché non avessero ricevuto la potenza di Dio dal cielo.

Luca 24:47-49
...e che nel suo nome si predicasse il ravvedimento e il perdono dei peccati a tutte le genti, cominciando da Gerusalemme. Or voi siete testimoni di queste cose. Ed ecco, io mando su di voi la promessa del Padre mio; ma voi rimanete nella città di Gerusalemme, finché siate rivestiti di potenza dall'alto.

COMPRENDERE LA NOSTRA POSIZIONE E AUTORITÀ COME CREDENTI

L'AUTORITÀ DI CRISTO È LA MASSIMA AUTORITÀ

Efesini 1:20-22
...che egli ha messo in atto in Cristo, risuscitandolo dai morti e facendolo sedere alla sua destra nei luoghi celesti, al di sopra di ogni principato, potestà, potenza, signoria e di ogni nome che si nomina non solo in questa età, ma anche in quella futura, ponendo ogni cosa sotto i suoi piedi, e lo ha dato per capo sopra ogni cosa alla chiesa...

Gesù non si trova in un luogo fisico in cielo. È invece ben presente nel regno dell'invisibile. Le Scritture indicano molto chiaramente che lui abita in te come credente.

Essere seduti alla destra del Padre significa trovarsi nel luogo più alto dell'autorità. Gesù è la massima autorità su tutti gli esseri spirituali del regno invisibile, compreso Satana. Ricorda: Satana è soltanto un essere creato e non ha alcun potere rispetto a Cristo.

Efesini 1 ci dice che egli è seduto molto in alto! Niente e nessuno ha un potere o un'autorità più grande di Gesù. Dio ha posto tutte le cose sotto i suoi piedi.

IL CRISTIANO ENTRA NELL'AUTORITÀ DI CRISTO NEL MOMENTO DELLA SALVEZZA

Efesini 2:1-3 ci dice che un tempo eravamo sotto il dominio dell'inferno, di Satana e dei suoi servitori. Eravamo governati dalla natura peccaminosa della nostra carne e influenzati dal sistema del mondo.

Gesù, il grande Salvatore, è venuto a liberarci dal dominio di Satana e a portarci nel suo Regno.

L'aspetto sorprendente di questa incredibile operazione del Vangelo è che Gesù non solo ci ha liberati dal dominio di Satana e ci ha posti nel suo Regno, ma ci ha fatti sedere con lui nei cieli. Ciò significa che l'autorità che è stata data a Gesù da suo Padre è stata data anche a noi!

Efesini 2:4-6
Ma Dio, che è ricco in misericordia, per il suo grande amore con il quale ci ha amati, anche quando eravamo morti nei falli, ci ha vivificati con Cristo (voi siete salvati per grazia), e ci ha risuscitati con lui e con lui ci ha fatti sedere nei luoghi celesti in Cristo Gesù.

Gesù regna su tutti i cieli, seduto nel posto di massima autorità, e noi regniamo con lui, partecipando alla sua autorità nei cieli. Questa è una realtà presente, non una realtà che si realizzerà solo in futuro. Noi possediamo ogni benedizione spirituale nei cieli adesso (Efesini 1:3).

Colossesi 2:9-10
Poiché in lui abita corporalmente tutta la pienezza della Deità. E voi avete ricevuto la pienezza in lui, essendo egli il capo di ogni principato e potestà.

La tabella seguente mostra la struttura dell'autorità del mondo:

SENZA CRISTO	IN CRISTO
Gesù Cristo Efesini 1:22	**Gesù Cristo** Efesini 1:22
	Credenti Efesini 2:6
Satana Efesini 2:2	**Satana** Efesini 2:2
Spiriti decaduti Luca 13:11	**Spiriti decaduti** Luca 13:11
Esseri umani Genesi 1:26	**Esseri umani** Genesi 1:26
Animali Salmo 8:6-8	**Animali** Salmo 8:6-8

Dobbiamo usare le nostre armi divinamente potenti ed esercitare la nostra autorità spirituale per conquistare il territorio nemico e depredare il regno di Satana sulla terra.

Abbiamo l'autorità di Cristo e il nemico non può prendere posizione contro di noi in un confronto diretto di autorità. Le uniche armi a disposizione di Satana sono la menzogna, agire di nascosto, l'inganno, l'intimidazione e incutere timore.

Il regno di Satana non può reggere uno scontro di potere con i figli di Dio che si schierano con la giustizia, la santità e l'autorità di Cristo. La Chiesa deve svegliarsi davanti a questa realtà!

Matteo 16:19
Ed io ti darò le chiavi del regno dei cieli; tutto ciò che avrai legato sulla terra, sarà legato nei cieli, e tutto ciò che avrai sciolto sulla terra sarà sciolto nei cieli.

L'AUTORITÀ CRISTIANA STORICAMENTE INTESA

1. I padri della Chiesa parlavano di legare e sciogliere.

Agostino
Agostino ha chiaramente collegato il legare Satana con l'autorità di legare e sciogliere e ha osservato che la Chiesa ha questa autorità attraverso coloro che governano.

Crisostomo
Crisostomo riteneva che quella di legare e sciogliere fosse un'autorità che il credente deve esercitare in virtù dell'autorità di cui gode come tale in Cristo.

> *Quelli che dimorano in terra e sono posti in questa condizione, vengono ordinati ad amministrare le cose celesti e hanno ricevuto una potestà che Dio non ha conferito né agli angeli né agli arcangeli; poiché non fu detto a questi: "Ogni cosa che legherete sulla terra sarà legata anche nel cielo; e ogni cosa che scioglierete, sarà sciolta" (Mt. 18:18). Anche i dominatori sulla terra hanno il potere di legare, ma soltanto i corpi; invece questo legame si applica all'anima stessa e trascende i cieli; onde, checché i sacerdoti compiano quaggiù, questo conferma Dio in alto, e la deliberazione dei servi viene sancita dal padrone.* [1]

2. I primi riformatori affermavano di usare la loro autorità in Cristo.

Martin Lutero
Qui di seguito, leggiamo la risposta di Martin Lutero alla domanda di un pastore riguardo all'esperienza di disordini soprannaturali in cui pentole e padelle venivano lanciate da un demone in casa sua.

---
[1] Foster, K. Neill, e Paul L. King. *Binding and Loosing: Exercising Authority Over the Dark Powers*. Honeycomb House, 1998. Pag. 37.

"Lascia che Satana giochi con le pentole. Nel frattempo, prega Dio con tua moglie e i tuoi figli e dì: Vattene, Satana! Sono io il signore di questa casa, non tu. Per autorità divina, sono io il capo di questa casa". [2]

"Circa dieci anni fa abbiamo avuto a che fare con un demone molto malvagio, ma siamo riusciti a sottometterlo con perseveranza, preghiera incessante e fede incondizionata. Con questi mezzi, ho domato molti altri spiriti simili in diversi luoghi". [3]

3. Leader più recenti nella Chiesa parlano di legare e sciogliere.

Dick Hillis, tra gli autori della Moody Press:
"Abbiamo inoltre imparato che non è sufficiente pregare o cantare, anche se credo che Satana detesti sia la preghiera che il canto. Dobbiamo opporci al diavolo e ordinargli di andarsene". [4]

J. Ramsay Michaels del Gordon–Conwell Seminary:
"L'opera di legare e sciogliere – legare l'uomo forte e liberare i suoi prigionieri – che ha dominato il ministero di Gesù e ha riempito la sua visione, sarà l'opera dei suoi discepoli durante il periodo della sua assenza". [5]

CONTRARRE I NOSTRI (SUOI) MUSCOLI: LEGARE L'UOMO FORTE

Matteo 12:28-29
Ma, se io scaccio i demoni per mezzo dello Spirito di Dio, allora il regno di Dio è giunto in mezzo a voi. Ovvero, come può uno entrare nella casa dell'uomo forte e rapirgli i suoi beni, se prima non lega l'uomo forte? Allora soltanto riuscirà a saccheggiare la sua casa.

È un racconto che si trova in tutti e tre i vangeli sinottici (Marco 3:27; Luca 11:21-22). Credo che ciò sia dovuto al significato della verità fondamentale descritta in questo testo. L'enfasi è posta sull'uomo più forte (Gesù), che attacca e surclassa l'uomo forte (Satana). L'armatura dell'uomo forte (Satana) gli viene sfilata.

L'uomo forte è potente, è armato, fa la guardia alle sue proprietà, proteggendo gelosamente i suoi "beni". Ma ha un problema: Gesù è più forte. È più potente e attraverso la sua morte e risurrezione disarma facilmente Satana, che può essere legato e derubato.

Ebrei 2:14
Poiché dunque i figli hanno in comune la carne e il sangue, similmente anch'egli ebbe in comune le stesse cose, per distruggere, mediante la sua morte, colui che ha l'impero della morte, cioè il diavolo.

---
2 Foster, K. Neill, e Paul L. King. *Binding and Loosing: Exercising Authority Over the Dark Powers*. Honeycomb House, 1998. Pag. 47.
3 Ibid., pg. 48.
4 Ibid., pg. 63.
5 Ibid., pg. 64.

Il regno di Satana non può sopravvivere a uno scontro di potere con il regno di Dio. È stato sconfitto! I credenti devono comprendere e appropriarsi di questa potenza e autorità che si trovano dentro di loro!

Satana ha portato la rovina nella vita delle persone, nei matrimoni, nelle famiglie, nei ministeri della chiesa, nelle aziende, nell'istruzione, nei governi, nell'intrattenimento e altro ancora. È tempo che la Chiesa si opponga al regno di Satana! Dobbiamo oltrepassare l'inganno di Satana, dobbiamo "smascherarlo", e muoverci con l'autorità e la forza che Gesù ci ha conferito attraverso le sue armi divinamente potenti.

ESERCITA LA TUA AUTORITÀ E OCCUPA IL TERRITORIO NEMICO

1. DOVE SI COLLOCANO SATANA E IL SUO REGNO RISPETTO AL CRISTIANO?

La differenza nel clima spirituale intorno a noi può essere profonda quando esercitiamo la potenza e l'autorità di Cristo. Quando ciò accade, Satana è sconfitto, disarmato e impotente contro di noi.

Un avvertimento: anche se Satana è stato sconfitto, continua a percorrere la terra cercando di uccidere, rubare e distruggere (Giovanni 10:10) quando e dove può. Il libro dell'Apocalisse predice il giorno in cui Satana sarà legato definitivamente e gettato nello stagno di fuoco; a quel punto, la partita sarà definitivamente conclusa. Ma fino ad allora, lui continuerà ad attaccare.

ILLUSTRAZIONE: *Immaginate una partita di football americano in cui una squadra è in vantaggio di 35 punti negli ultimi cinque minuti. È impossibile che la squadra avversaria riesca a segnare abbastanza per vincere, ma il tempo a disposizione rimane. I giocatori devono stare all'erta, altrimenti potrebbero farsi male.*

2. LA FORZA DI SATANA È UNO SPECCHIETTO PER LE ALLODOLE!

Poiché Satana non può essere all'altezza della potenza di Gesù Cristo che è nostra, deve cercare di convincerci con l'inganno e la manipolazione di essere lui il più forte. Egli inganna molti cristiani, convincendoli di essere prigionieri impotenti delle loro circostanze, del loro passato e dei loro peccati.

Possiamo imparare dalle precedenti generazioni di credenti che hanno visto grandi vittorie spirituali applicando queste verità riguardo all'autorità dei credenti.

Carrie Judd Montgomery
Carrie Judd Montgomery è stata una predicatrice, una donna che esercitava il dono di guarigione, un'evangelista, filantropa e scrittrice americana della fine del XIX secolo. Ha scritto sull'impresa dei missionari della Christian and Missionary Alliance:

"Anni fa, non sapevamo come liberare le persone legate dal diavolo. Spesso le nostre preghiere non possono essere esaudite finché non siamo in grado di parlare con autorità e di sciogliere colui che Satana ha legato. Il Signore ci mostra in Matteo 12:29 che dobbiamo "legare l'uomo forte" prima di poter "saccheggiare i suoi beni". Non saprò mai dirvi che cosa abbia significato questo potere nel nostro ministero negli ultimi anni". [6]

Dr. K. Neill Foster
Il Dr. Foster è stato un pastore, evangelista e insegnante, nonché autore di *Binding and Loosing: Exercising Authority over the Dark Powers (Legare e sciogliere: esercitare autorità sulle potenze oscure)*. Egli scrisse:

""Ci sono ragioni, credo, per cui lo Spirito Santo ha collocato questo brano cruciale in tutti e tre i vangeli sinottici. Ognuno di essi, a suo modo, rafforza l'intento missiologico ed evangelistico nel legare l'uomo forte e liberare lo slancio all'evangelizzazione. Troppo spesso si cerca di sfiorare appena l'uomo forte per accedere all'opera del Signore. Nessun operaio cristiano è più vulnerabile a questo errore dei missionari materialisti, secolaristi, tecnologici e spiritualmente insensibili del mondo occidentale. Se questo studio sul rapporto tra legare e sciogliere con l'evangelizzazione e le missioni porta a qualche conclusione, è che questa procedura di 'sfioramento' è un grave, gravissimo errore nell'opera del Regno e che legare l'uomo forte è la prima operazione da compiere". [7]

Siamo stati risuscitati con Cristo! Siamo nella posizione di pretendere la restituzione del territorio rubato da Satana – ed è ora che lo recuperiamo!

ESERCIZIO SULLA FORTEZZA: PASSIVITÀ

LA BATTAGLIA SPIRITUALE CONTRO LA PASSIVITÀ

La passività può essere definita come "un atteggiamento di inattività, permettere agli altri di approfittarsene, tirarsi indietro, tenere un basso profilo, esitare a prendere l'iniziativa o ad agire, principalmente in relazione all'ubbidienza biblica, cedere senza opporre resistenza".

La passività può sembrare un tratto innocente della personalità. La maggior parte di noi si chiederebbe come possa essere considerata un peccato. Tuttavia, la realtà è che la passività è distruttiva, essa devasta e apre un'ampia base operativa per il successo di Satana e delle sue macchinazioni.

Gesù insegnò l'importanza cruciale della forza spirituale nel Regno di Dio. "*Il regno dei cieli è preso a forza*", disse, "*e i violenti se ne impadroniscono*" (Matteo 11:12, NR06). Gesù non stava parlando di instaurare il Regno di Dio attraverso la violenza fisica. Stava parlando di impegno, iniziativa e azione.

---
6 Ibid., pg. 135.
7 Ibid., pg. 137.

Le parole "forza" e "violenti" usate da Gesù in questo brano della Scrittura sono i termini greci *biastes* [8] e *biazo*, che significano "spingere violentemente o farsi strada con la forza". La stessa parola è usata per riferirsi alla "violenza delle onde" in Atti 27:41. L'analogia è in questo: come le onde possenti battono incessantemente e senza sosta sulla riva, così la nostra vita deve essere perseverante nella ricerca di Dio e nell'ubbidienza a lui. Gesù ha contrapposto la passività a un agire retto nelle parabole del Regno che si trovano in Matteo 13:44-46.

Matteo 13:44-46
"Di nuovo, il regno dei cieli è simile ad un tesoro nascosto in un campo, che un uomo, avendolo trovato, nasconde; e, per la gioia che ne ha, va, vende tutto ciò che ha e compera quel campo. Ancora, il regno dei cieli è simile ad un mercante che va in cerca di belle perle. E, trovata una perla di grande valore, va, vende tutto ciò che ha, e la compera".

Il contrario della passività non è l'attivismo, ma prendere l'iniziativa in ubbidienza ai comandi e alle direttive del Signore e ai valori del Regno. La passività è legata alla paura del fallimento, al rifiuto, all'incredulità, all'insignificanza, all'inadeguatezza, all'insicurezza e alla reputazione.

La passività è caratterizzata da procrastinazione, elusione delle responsabilità, colpevolizzazione, indipendenza, co-dipendenza, fare paragoni per un'approvazione personale, vittimismo, apatia e letargia. Essa è spesso collegata alla rabbia, sia passivo-aggressiva che manifesta. Un'altra sua caratteristica è che, mentre una persona dimostra passività in specifiche aree della vita, quella stessa persona prende l'iniziativa e compie degli sforzi in altri settori.

Non possiamo perdere di vista il fatto che la passività sia fondamentalmente ribellione e disubbidienza. È fare ciò che si vuole, quando si vuole e come si vuole, e non ciò che Dio ha ordinato.

Per vivere davvero liberi dalle aggressioni del nemico alla nostra vita e per far avanzare il Regno di Dio in essa e nel mondo, dobbiamo muoverci con la forza, la potenza e l'autorità di Gesù Cristo. In lui siamo abilitati ad essere "più che vincitori" (Romani 8:37).

Lo spirito di passività, tuttavia, cerca di schiacciare la forza della potenza e dell'autorità di Cristo in te. Tenta di renderti debole, impotente e inutile. Ti attacca al cuore del disegno originale di Dio per te, che è quello di essere colui che porta la sua immagine e la sua autorità sulla terra.

RICONOSCERE LA PASSIVITÀ

La passività è inattività laddove dovrebbe avvenire una pia ubbidienza. Come già detto, può includere il lasciare che gli altri ci sfruttino senza opporci, sottomettersi senza obiezioni o resistenza, esitare in aree di ubbidienza biblica e mancare di iniziativa.

Prendete in considerazione i seguenti indicatori di passività. Spuntate le caselle che vi riguardano:

---
[8] BibleHub.com. *Strong's Concordance* 973 e 971. https://biblehub.com/greek/973.htm

MANCANZA DI INIZIATIVA

- ❏ Non riesco ad iniziare conversazioni con gli altri e aspetto invece che sia qualcuno ad iniziare una conversazione con me.
- ❏ Esito ad instaurare relazioni.
- ❏ Sono lento a entrare in contatto con gli altri o a rispondere alle iniziative di comunicazione degli altri verso di me.
- ❏ Non intraprendo attività con gli altri.
- ❏ Non ho alcuna spinta nel mio rapporto spirituale con il Signore.
- ❏ Non sono motivato a leggere la Bibbia, pregare, servire o adorare il Signore.
- ❏ Non sento la necessità di passare del tempo con Dio.
- ❏ Tendo a essere soddisfatto dello status quo nel mio cammino con Dio.
- ❏ Esito a prendere decisioni chiare per paura di sbagliare o di trovarmi di fronte a un imprevisto.
- ❏ Lascio regolarmente incompiuti i lavori che devono essere fatti.
- ❏ Oppongo resistenza a uscire dalla mia zona di comfort.

INDIVIDUALISMO INDIPENDENTE

- ❏ Sento di non aver bisogno di nessun altro.
- ❏ Non offro aiuto o servizio agli altri.
- ❏ Oppongo resistenza all'interdipendenza.
- ❏ Tendo a osservare le attività degli altri; raramente mi sento motivato o all'altezza di prendervi parte.
- ❏ Mi vedo più come un cristiano di tipo "privato"; sono riservato e me ne sto per conto mio.
- ❏ Spesso mi trovo a osservare le interazioni degli altri, ma non mi faccio coinvolgere.
- ❏ Servirò Dio da solo e a modo mio, piuttosto che in comunità.

Note:

Note: _____

PASSIVITÀ COME DISUBBIDIENZA/RIBELLIONE

- ❑ Resisto a ubbidire al Signore tollerando peccati nella mia vita.
- ❑ Non do luogo al pentimento (e non lo ricerco).
- ❑ Sono diventato avvezzo e indifferente ai peccati nella mia vita.
- ❑ Non credo che prendere autorità sui peccati nella mia vita possa servire a qualcosa di buono.
- ❑ Resisto al perdono di Dio non prendendo l'autorità che Gesù mi ha dato sul mio peccato.
- ❑ (Marito/padre) Non guido con fermezza la mia famiglia. Delego gran parte della guida della nostra famiglia a mia moglie.
- ❑ Sono più propenso a fare ciò che voglio rispetto a ciò che dovrei.
- ❑ Quando Dio mi mostra qualcosa o parla nella mia vita, evito di compiere qualsiasi azione concreta.

AUTOCOMMISERAZIONE

- ❑ Ho *sempre* lottato con la depressione, l'insicurezza, la timidezza, la paura, la solitudine e così via; dubito che un cambiamento possa essere una realtà.
- ❑ Ho *sempre* avuto difficoltà dal punto di vista emotivo, quindi perché dovrei preoccuparmene e cercare di cambiare?
- ❑ Dal punto di vista fisico, non mi interessa ciò che gli altri pensano del mio aspetto.
- ❑ Sono a mio agio con il mio modo di essere.
- ❑ Sono a mio agio nel ruolo di vittima.
- ❑ Gli altri sbagliano a spingermi a diventare qualcuno che non sono.

LE BUGIE DELLA PASSIVITÀ

- ❑ La passività fa parte della mia personalità.
- ❑ Se fosse necessario che io mi facessi avanti e prendessi l'iniziativa, ne avrei davvero "voglia".
- ❑ Se provo a prendere l'iniziativa, sarò un fallimento.
- ❑ Almeno c'è *un po'* di conforto nell'autocommiserazione e nel fare la vittima.

RECUPERARE L'AZIONE E L'INIZIATIVA GIUSTE

MODELLO DI PREGHIERA CONTRO LA PASSIVITÀ

PENTIRSI: Assumiti la responsabilità per la passività, nominando ogni area in cui hai esitato o resistito a fare le cose che dovevi fare. Confessa il peccato di procrastinazione, che non è altro che disubbidienza.

> *Esempio di preghiera: Padre, ti chiedo perdono per il peccato di vivere in modo passivo e per i meccanismi di passività nella mia vita. Vedo come ha influenzato me e coloro che mi circondano. Lo definisco un peccato. La passività non viene da te! (Torna indietro e confessa ogni singola voce di ogni casella che hai spuntato). Mi pento per ogni maniera in cui la passività ha fatto parte della mia personalità e del mio modo di vivere, e mi impegno a rompere i suoi schemi nella mia vita.*

SGRIDARE: Abbandona ogni bugia che hai accolto e che ti ha portato a commettere questo peccato di passività.

Opponiti agli sforzi e all'opera del regno di Satana, al quale non importa quanto siano buone le tue intenzioni, purché tu non le porti a compimento. Esercita la tua autorità sui demoni coinvolti.

> *Esempio di preghiera: Sgrido ogni spirito immondo che mi attacca con menzogne che mi hanno reso passivo in molte aree della mia vita! Vengo contro di voi con l'autorità di Gesù Cristo e vi ordino di fuggire subito! Mi oppongo a ogni opera del maligno per trattenermi nella passività, e spezzo il potere di ogni oppressione demoniaca contro la mia identità e la mia chiamata ad essere un guerriero forte e attivo per Gesù Cristo.*

SOSTITUIRE: Pronuncia la verità della Parola di Dio su ogni area di passività nella tua vita.

Impegnati, con la forza dello Spirito di Dio, a camminare in una fede e in un'azione coraggiose. Usa la verità di Dio riportata nella Scrittura per sostituire gli schemi di passività e la tua vecchia tendenza a nasconderti dietro di essa.

> *Esempio di preghiera: Dichiaro per grazia di Dio che vivrò per ubbidirgli immediatamente, completamente e con gioia in ogni area della mia vita, come stabilito dalla sua Parola. Con la potenza di Dio, mi attiverò nelle aree di ministero e di responsabilità interpersonale. Vivrò nella dipendenza attiva da Dio e nell'interdipendenza con gli altri. Ricercherò Dio e la sua pienezza di vita per me con tutto il mio cuore, la mia mente e la mia forza.*

RICEVERE: Ringrazia il Signore che ti ha perdonato dal peccato di passività. Rallegrati e ricevi la pienezza del suo Spirito, che ti motiverà a compiere ogni passo di ubbidienza.

Esempio di preghiera: *Spirito Santo, riempimi – che tu sia rilasciato in me per vivere una vita per Gesù con una forza soprannaturale di ubbidienza e passione. Ricevo con gioia la tua opera nella mia vita.*

VIVERE CON L'AZIONE E L'INIZIATIVA GIUSTE

Fai le seguenti dichiarazioni su come vivrai nello spirito opposto a quello della passività:

- ❏ Padre, tu sei un Dio di forza e di azione e mi hai salvato per adempiere al tuo scopo.
- ❏ Scelgo ora di dare la mia vita a te, di ascoltare la tua voce e di accettare la mia posizione in te.
- ❏ Sostituisco la paura di uscire dalla mia zona di comfort con la determinazione ad agire in ubbidienza alla tua chiamata.
- ❏ Inizierò a dialogare con gli altri. Andrò io da loro e non aspetterò che siano loro a venire da me.
- ❏ Rinuncerò all'egocentrismo e mi dedicherò al ministero verso gli altri con la tua grazia.
- ❏ Smetterò di procrastinare e agirò invece tempestivamente. Resisterò alla bugia di aspettare sempre un "momento migliore".
- ❏ Anche quando "non me la sento", prenderò autorità su schemi peccaminosi come l'autocommiserazione e il vittimismo.
- ❏ Non vivrò più nella menzogna che non importa quello che faccio, e invece ricercherò il tuo compiacimento anche nei piccoli passi di ubbidienza.
- ❏ Mi farò in quattro per benedire le persone.
- ❏ Sostituirò la scusa di pensare che non cambierò mai con la verità che il tuo Spirito è all'opera dentro di me per rendermi simile a Gesù.
- ❏ Avrò fame e supplicherò di crescere spiritualmente.
- ❏ (Mariti) Guiderò la mia famiglia secondo le tue indicazioni e non mi tirerò indietro per intimidazione, insicurezza, paura o pigrizia.
- ❏ Userò l'autorità che mi hai concesso per fare la guerra al maligno nella mia vita e nella mia famiglia.

VERSI BIBLICI

Proverbi 6:9-11
Fino a quando, o pigro, rimarrai a dormire? Quando ti scuoterai dal tuo sonno? Dormire un po', sonnecchiare un po', incrociare un po' le braccia per riposare, così la tua povertà verrà come un ladro, e la tua indigenza come un uomo armato.

Daniele 11:32b
Il popolo di quelli che conoscono il loro Dio mostrerà fermezza e agirà.

Giovanni 15:16a
Non voi avete scelto me, ma io ho scelto voi; e vi ho costituiti perché andiate e portiate frutto, e il vostro frutto sia duraturo.

Filippesi 4:13
Io posso ogni cosa in Cristo che mi fortifica.

2 Timoteo 1:7
Dio infatti non ci ha dato uno spirito di paura, ma di forza, di amore e di disciplina.

Ebrei 6:11-12
E desideriamo che ciascuno di voi mostri fino alla fine il medesimo zelo per giungere alla piena certezza della speranza, affinché non diventiate pigri, ma siate imitatori di coloro che mediante fede e pazienza ereditano le promesse.

Capitolo Quattro
FORTEZZE

Note:

COMPRENDERE LE FORTEZZE

2 Corinzi 10:3-5 (NR06)
In realtà, sebbene viviamo nella carne, non combattiamo secondo la carne; infatti le armi della nostra guerra non sono carnali, ma hanno da Dio il potere di distruggere le fortezze, poiché demoliamo i ragionamenti e tutto ciò che si eleva orgogliosamente contro la conoscenza di Dio, facendo prigioniero ogni pensiero fino a renderlo ubbidiente a Cristo.

Una fortezza può essere descritta come una base operativa fortificata:

FORTEZZE FISICHE
Servono come campi militari, difese fortificate (per un territorio), basi operative in posizione strategica, case e quartieri generali.

FORTEZZE SPIRITUALI
Sono pensieri, convinzioni, filosofie, atteggiamenti, azioni e valori che si oppongono e sono in contrasto con la verità di Dio sul vivere la vita secondo il suo disegno. Sono poteri di ragionamento che si traducono in azioni che si ergono contro la verità di Dio.

La strategia di Satana consiste nell'ingannare individui, coppie, famiglie, chiese, comunità, culture, istituzioni e organizzazioni affinché credano e diano valore a ciò che si oppone alla verità di Dio o che non è in linea con la sua verità. La verità di Dio è assoluta. Ogni grado di disallineamento con la sua verità su ogni questione della vita dà a Satana l'opportunità di stabilire la sua fortezza – la sua base operativa – nella nostra vita.

L'ALTRO TERMINE BIBLICO DI PAOLO PER INDICARE LE FORTEZZE - *TOPOS*

Efesini 4:26-27 (NR06)
Adiratevi e non peccate; il sole non tramonti sopra la vostra ira e non fate posto al diavolo.

Efesini 4:26-27 (NTVi)
E non peccate lasciando che la rabbia prenda il sopravvento su di voi. Non lasciate che il sole tramonti mentre siete ancora arrabbiati; la rabbia, infatti, dà un appiglio al diavolo.

La parola tradotta con "posto" o "appiglio" in Efesini 4:27 è il termine greco *topos*. Di seguito si riporta la definizione di *topos* contenuta nel *Dizionario teologico del Nuovo Testamento*: [1]

- Territorio, terra: nell'uso al singolare più antico e chiaro, significa un luogo definito, quindi un territorio, un'area o una terra specifica; distretto, città, luogo di residenza.
- Santuario: il termine è spesso usato in contesti legati al culto in riferimento a determinate azioni legali e cultuali in tempi e luoghi specifici.
- Il luogo a cui qualcosa appartiene, il posto che qualcuno occupa o di cui fa parte.

Topos può essere tradotto come "luogo di giurisdizione", un luogo in cui si è acquisito un diritto. Anche se qualcuno appartiene a Dio, Satana può ottenere un posto di diritto per operare nella vita di quella persona, perché gli è stato concesso.

IL FUNZIONAMENTO PRATICO DELLE FORTEZZE NELLA TUA VITA

Le fondazioni di una fortezza iniziano nella nostra mente. Sebbene molte fortezze possano essere comportamenti appresi, questi diventano la base della nostra "visione del mondo", ovvero del modo in cui percepiamo e viviamo la vita. È per questo che nelle Scritture ci viene ripetutamente chiesto di custodire la nostra mente, di rinnovarla e di pensare alle cose giuste.

Efesini 4:22-24 (NR06)
...avete imparato per quanto concerne la vostra condotta di prima a spogliarvi del vecchio uomo che si corrompe seguendo le passioni ingannatrici; a essere invece rinnovati nello spirito della vostra mente e a rivestire l'uomo nuovo che è creato a immagine di Dio nella giustizia e nella santità che procedono dalla verità.

---
[1] Kittel, Gerhard, Geoffrey William Bromiley, ed., e Gerhard Friedrich. *Theological Dictionary of the New Testament*. Grand Rapids, MI: Eerdmans, 2006.

Il nemico può ottenere la giurisdizione nella vita di qualsiasi persona, anche in quella di un credente (o delle istituzioni che rappresenta). Ciò accade se permettiamo che nella nostra vita entri un sistema di credenze, un atteggiamento, una filosofia, un valore o un'azione che non si allinea con la verità di Dio. Ecco perché Paolo dice in 2 Corinzi 10:5: "...facendo prigioniero ogni pensiero fino a renderlo ubbidiente a Cristo".

I nostri pensieri iniziano in poco tempo a influenzare le nostre vedute e le decisioni che prendiamo. Naturalmente, le nostre decisioni si ripercuotono presto sulle nostre azioni. Le nostre azioni portano a degli schemi che poi diventano parte della nostra visione del mondo o della nostra mentalità. Questi valori finiscono per diventare il nostro stile di vita. È qui che Satana approfitta del suo punto di accesso e ci rende suoi schiavi mentre accresce la sua base operativa in noi. Il grafico seguente illustra questo processo:

A volte, i discepoli di Gesù Cristo sostengono che, poiché appartengono a lui e lo Spirito Santo abita in loro, il nemico non può avere alcun posto nelle loro vite. La seguente analogia mette in prospettiva la questione della proprietà e della giurisdizione:

ILLUSTRAZIONE: *Per guidare un'auto non è necessario avere il titolo di proprietà a proprio nome; basta la chiave di accensione. Noi apparteniamo a Dio; il titolo della nostra vita è a suo nome perché siamo stati comprati a caro prezzo. Ma attraverso una fortezza, diamo a Satana la chiave di accensione della nostra vita e lui ci porterà a fare un giro pericoloso se non teniamo le chiavi lontano dalle sue mani.*

L'ASPETTO DEMONIACO IN RELAZIONE AL PECCATO E ALLA VITA DEL CREDENTE

Molti credenti non hanno familiarità con la frequenza con cui le Scritture parlano del rapporto tra valori e azioni peccaminose e il regno di Satana. La Bibbia è molto chiara sul legame tra la disubbidienza alla verità di Dio e il regno demoniaco. La tabella seguente illustra alcuni esempi di questa verità tratta dalle Scritture:

TESTO BIBLICO	ACCESSO DEMONIACO PER LA FORTEZZA
Efesini 4:26-27 ...non fate posto al diavolo.	Rabbia
2 Timoteo 2:24-26	Qualsiasi opposizione alla verità di Dio
Ebrei 2:14-15 ...per distruggere, mediante la sua morte, colui che ha l'impero della morte, cioè il diavolo, e liberare tutti quelli che per timore della morte erano tenuti in schiavitù per tutta la loro vita. **2 Timoteo 1:7 (NR06)** Dio infatti ci ha dato uno spirito non di timidezza, ma di forza, di amore e di autocontrollo.	Paura
Matteo 16:23	Occupazioni secolari incentrate sull'uomo
Luca 9:54-56	Condanna moralista
Atti 5:3 Ma Pietro disse: «Anania, perché ha Satana riempito il tuo cuore per farti mentire allo Spirito Santo?»	Ipocrisia, avidità, menzogna
Giacomo 3:14-15 (NTVi) Se però avete nel vostro cuore amara gelosia e sete di potere… La gelosia e l'egoismo infatti non hanno niente a che fare con la sapienza di Dio. Simili cose sono terrene, puramente umane e diaboliche.	Amara gelosia, sete di potere
Giovanni 8:43-45	Mentire
2 Corinzi 2:10-11	Mancanza di perdono
Efesini 2:1-2	Mondanità
1 Corinzi 10:20-21	Idolatria
1 Timoteo 5:13-15 (NTVi) Inoltre esse imparano anche ad essere oziose… ma anche pettegole e indiscrete… alcune infatti si sono già sviate per seguire Satana.	Indolenza, svogliatezza, pettegolezzo, impicciarsi delle faccende altrui
1 Timoteo 6:9	Cupidigia, materialismo
1 Timoteo 1:19-20	Coscienza profanata
1 Corinzi 5:1-5	Immoralità sessuale, assenza di pentimento
2 Timoteo 3:5; 2 Corinzi 11:13-15; Atti 5:1-3	Falsa religiosità, spirito religioso, pseudo-spiritualità, posizione, riconoscimento

COME L'ASPETTO DEMONIACO INFLUISCE SULLA VITA DEL CRISTIANO

Gli esseri umani sono composti da tre parti – corpo, anima e spirito:

1 Tessalonicesi 5:23
Ora il Dio della pace vi santifichi egli stesso completamente; e l'intero vostro spirito, anima e corpo siano conservati irreprensibili per la venuta del Signor nostro Gesù Cristo.

Questa distinzione è necessaria per comprendere che gli esseri demoniaci possono interfacciarsi con gli esseri umani. Che influenza possono avere sui credenti?

Di seguito sono riportate le componenti bibliche di un essere umano e ciò che caratterizza ciascuna componente:

1. **CORPO**
   - Coscienza del mondo materiale
   - Cinque sensi, salute fisica e aspetto

2. **ANIMA**
   - Autoconsapevolezza (persona interiore)
   - Mente, emozione e volontà

3. **SPIRITO**
   - Consapevolezza di Dio

ANIMA
- Autoconsapevolezza (persona interiore)
- Mente, emozione e volontà

CORPO
- Coscienza del mondo materiale
- Cinque sensi, salute fisica e aspetto

SPIRITO
- Consapevolezza di Dio

COMPONENTI DELLA PERSONA UMANA

SPIRITO

Efesini 2:1,5
Egli ha vivificato anche voi, che eravate morti nei falli e nei peccati... anche quando eravamo morti nei falli, ci ha vivificati con Cristo (voi siete salvati per grazia).

Lo spirito della persona non salvata, non cristiana e non rigenerata è morto agli stimoli divini; cioè, la vita di Dio non viene trasferita all'essere umano. Non c'è coscienza di Dio o nuova nascita per la persona non salvata o non rigenerata. Lo spirito del salvato, del cristiano, della persona rigenerata, è vivo e custodito in Cristo quando nasce dallo Spirito Santo al momento della salvezza.

ANIMA

Delle tre componenti dell'uomo, l'anima (mente, emozioni e volontà) è l'obiettivo principale del nemico per instaurare delle fortezze negli esseri umani, compresi i cristiani. Il nemico ha bisogno di influenzare la mente, le emozioni e la volontà di una persona per portare avanti le sue strategie. Quando questa influenza si manifesta, possiamo osservarne i segni esteriori, come scoppi d'ira, tristezza, battaglie in cui si cede alle brame dei sensi, si sminuiscono gli altri, si abusa degli altri, depressione, ecc.

CORPO

Matteo 9:32-33 (ESV)
Ora, come quei ciechi uscivano, gli fu presentato un uomo muto e indemoniato. E, quando il demone fu scacciato, il muto parlò e le folle si meravigliarono dicendo: «Non si è mai vista una simile cosa in Israele».

Il corpo è vulnerabile agli attacchi diabolici, che possono provocare malattie e perfino la compromissione della salute. A volte, i problemi di salute sono puramente fisiologici, legati alla deperibilità del nostro corpo. Il nostro corpo fisico alla fine morirà. Molte volte, però, se non la maggior parte, la malattia fisica è legata ad un'attività demoniaca.

IN SINTESI

L'influenza e il controllo diabolici avvengono principalmente all'interno dell'anima (mente, emozioni e volontà). Ciò significa che la mente e le emozioni sono costantemente attaccate. Se si ottiene l'accesso e se la volontà diventa soggetta all'influenza demoniaca, una persona diventa mentalmente e/o emotivamente invalida, limitata o imprigionata.

La persona può sperimentare diversi gradi di tormento negli ambiti di infiltrazione o dove sono state istituite fortezze di influenza e di controllo nella sua vita. In questo stato, anche i credenti possono essere influenzati e attaccati.

L'influenza e i legami demoniaci possono esprimersi in comportamenti e risposte come esplosioni di rabbia, angoscia e depressione, tormento dato da peccati e desideri sessuali, atteggiamenti e azioni critiche e degradanti che invalidano gli altri o se stessi, crudeltà, alterazioni dell'umore, ecc. Inoltre, possono verificarsi malattie e disturbi fisici a causa di attacchi diabolici al corpo di una persona.

COME SI CONCEDE AL NEMICO L'ACCESSO ALLE FORTEZZE

ATTRAVERSO PROBLEMI DI SANTIFICAZIONE

1. COME CREDENTI (LE PORTE CHE NOI APRIAMO)

Alcune fortezze di influenza e controllo diabolico esistono a causa della disubbidienza e del peccato. Questo accade quando i credenti, consapevolmente o meno, si aprono a problematiche di fortezza e all'influenza demoniaca attraverso la disubbidienza, l'indulgenza, la ribellione e il peccato. Come abbiamo imparato in precedenza, queste azioni permettono al nemico di ottenere un *topos* (un appiglio, un luogo di giurisdizione) nella nostra vita.

2. PRIMA DELLA SALVEZZA (PORTE RIMASTE APERTE)

Le fortezze possono essere stabilite prima della salvezza ed essere riportate nella nostra vita di credenti. Le persone vivono in fortezze prima della salvezza; non affrontano questi problemi e possono continuare a vivere nella loro opera distruttiva anche dopo la salvezza.

3. FORTEZZE DOVUTE ALLE INGIUSTIZIE E ALLE CONSEGUENTI REAZIONI PECCAMINOSE

Le fortezze possono essere erette attraverso abusi, rifiuti, abbandoni, traumi, ecc. che feriscono l'anima. Questo stimola risposte, atteggiamenti, azioni e convinzioni che si oppongono alla conoscenza e alla verità di Dio (2 Corinzi 10:3-5). Alcuni esempi di risposte peccaminose sono la rabbia, l'amarezza, il risentimento, l'indipendenza, la paura, la tristezza e l'odio verso se stessi.

DEMOLIRE LE FORTEZZE

In 2 Corinzi 10:5 vediamo che abbiamo armi divinamente potenti per abbattere le fortezze nella nostra vita. Come si fa? Il capitolo 4 di Giacomo (a cui abbiamo fatto riferimento nel capitolo 1 di questo libro quando abbiamo introdotto il modello di preghiera PENTIRSI-SGRIDARE-SOSTITUIRE-RICEVERE) si riferisce a questo e viene spiegato più in dettaglio qui di seguito. Questo brano rivela chiaramente quattro verità fondamentali che possiamo usare per rilasciare la potenza di Dio e rimuovere tutte le fortezze che ostacolano la nostra vita:

1. LA NOSTRA DISPOSIZIONE ALL'UMILTÀ

Giacomo 4:6 (ESV)
Ma egli dà una grazia ancor più grande; perciò dice: «Dio resiste ai superbi e dà grazia agli umili».

La Bibbia è molto chiara sul fatto che l'umiltà è la moneta dell'economia del Regno di Dio. Dio resiste ai superbi, ma il suo favore e la sua grazia si posano sugli umili. Le Scritture ci dicono che ci vuole umiltà per vedere noi stessi con gli occhi di Dio. Ci vuole umiltà per confessare di aver sbagliato e di aver bisogno di correzione. Ci vuole umiltà per concedere il perdono e per chiederlo a Dio e agli altri. Questo è l'inizio di come le fortezze vengono smantellate.

2. LA NOSTRA DISPOSIZIONE ALLA SOTTOMISSIONE

Giacomo 4:7
Sottomettetevi dunque a Dio…

Strettamente legata all'umiltà è la sottomissione. Infatti, una parola ebraica dell'Antico Testamento, *kana*, che viene tradotta con la parola "umiltà",[2] comunica il concetto di essere sottomessi o portati in posizione di soggezione, di essere portati a uno status inferiore rispetto all'autorità. Dobbiamo presentarci davanti a Dio con una disposizione umile e un cuore pronto a sottomettersi, sempre disposti a sottostare all'autorità e alla volontà di Dio.

3. LA NOSTRA DISPOSIZIONE AL PENTIMENTO

Giacomo 4:8 (NR06)
Avvicinatevi a Dio, ed egli si avvicinerà a voi. Pulite le vostre mani, o peccatori; e purificate i vostri cuori, o doppi d'animo!

Ancora una volta, l'umiltà è fondamentale in questo processo, perché è strettamente associata al pentimento. Dio disse alla nazione di Israele che solo nell'umiltà avrebbero potuto fare ammenda per il loro peccato.

Dio presenta il pentimento come un dono all'umanità. Il nemico ha lavorato duramente per pervertire questo dono straordinario, cosicché la maggior parte delle persone tende a evitare qualsiasi cosa abbia a che fare con il pentimento.

Il pentimento è la chiave che ci permette di sbloccare la potenza trasformatrice di Dio, liberando il nostro prezioso destino in Cristo. Esso ci introduce alla restaurazione e al rinnovamento. Abbracciare uno stato di pentimento e vivere in esso porta alla salvezza, alla vita e alla libertà.

Che cos'è esattamente il pentimento? Giacomo lo descrive come un avvicinarsi a Dio e alle sue vie invece di seguire la nostra strada. Dobbiamo purificare le nostre mani (interrompere le nostre vie peccaminose) e vivere secondo un comportamento retto (l'opposto del comportamento peccaminoso). Purificare i nostri cuori significa consacrarsi puramente a Dio e alle vie del suo Regno.

---

2 BibleHub.com. *Strong's Concordance* 3665. https://biblehub.com/hebrew/3665.htm

La parola greca tradotta come "pentimento" nei versetti precedenti è *metanoia*. Letteralmente significa "un cambiamento della mente". Il vero pentimento è pieno di implicazioni radicali, perché ci fa passare da qualcosa a qualcosa di diverso.

Non è sufficiente essere semplicemente addolorati per il peccato; bisogna cambiare i propri valori, il proprio sistema di credenze e il proprio stile di vita per apportare quei cambiamenti specifici per allontanarsi dal peccato. È importante notare che il pentimento è un processo continuo.

La tabella qui sotto mostra come si presenta il pentimento secondo le Scritture, tratto da Efesini 4:25-32.

VERSETTO	COMPORTAMENTO INIQUO DA ABBANDONARE	COMPORTAMENTO VIRTUOSO DA ADOTTARE
25	Mentire	Dire solo la verità
28	Derubare gli altri	Lavorare per donare con generosità
29	Parlare in modo sgradevole e offensivo	Parole che edificano gli altri e che trasmettono grazia agli altri al momento opportuno
31-32	Amarezza, furore, rabbia, parole dure, calunnia e comportamento ostile	Gentilezza, tenerezza del cuore, perdonarsi a vicenda come Cristo ha perdonato noi

4. LA NOSTRA DISPOSIZIONE A UNA DECISA RESISTENZA

Giacomo 4:7
...resistete al diavolo ed egli fuggirà da voi.

Giacomo ci presenta la responsabilità di resistere a Satana (e alle sue orde di demoni). È qui che esercitiamo l'autorità che Dio ci ha dato. Gesù sgridò Satana durante la sua tentazione nel deserto (Matteo 4:10). E Gesù sgridò Satana che parlava attraverso Pietro (Matteo 16:23).

Noi dobbiamo fare lo stesso. La resistenza non avviene solo conducendo una vita retta, ma anche attraverso le nostre parole di autorità, che denunciano le menzogne e dichiarano la verità. Ricorda, la spada dello Spirito è la Parola di Dio, che deve essere costantemente pronunciata e dichiarata nella guerra spirituale.

5. LA PROMESSA: FUGGIRÀ

Giacomo 4:7
...resistete al diavolo ed egli fuggirà da voi.

Satana è fuggito quando Gesù lo ha sgridato, e fuggirà anche quando lo sgridi tu. Devi demolire la passività ed esercitare la tua autorità.

ESERCIZIO SULLA FORTEZZA: "PORTE APERTE" E INGIUSTIZIE

Nel capitolo 1 abbiamo introdotto lo schema di preghiera nel contesto della fortezza dell'insignificanza. Lo abbiamo usato anche nel capitolo 2 con la paura e nel capitolo 3 con la passività. Di fatto, questo modello di preghiera può essere applicato a qualsiasi fortezza, a qualsiasi area di prigionia a cui sei legato dal *topos*—terreno o territorio—che il nemico ha nella tua vita. Se ti poni l'obiettivo di memorizzare questi passi e di interiorizzarli, questo modello può diventare un sistema operativo di libertà per la tua vita.

1. **PENTIRSI:** Sottomettiti umilmente a Dio in segno di pentimento.

Ricevi il suo perdono attraverso la morte e la risurrezione di Cristo. **Questo può includere il concedere e chiedere perdono.**

2. **SGRIDARE:** Sgrida gli esseri demoniaci e rifiuta le bugie che si oppongono alla verità di Dio.

Resisti ai demoni cacciandoli dalle fortezze della tua vita attraverso l'autorità e la potenza della morte e della risurrezione di Gesù Cristo. Nell'autorità di Dio, rifiuta tutte le bugie su di te, su Dio o sugli altri.

3. **SOSTITUIRE:** Confessa il tuo impegno a vivere e rinnovare la tua mente nella verità.

Avvicinati a Dio lavandoti le mani dal tuo comportamento peccaminoso e purificando la tua mente dalla doppiezza nella tua devozione a Dio. Sostituiscila con una dedizione focalizzata su un unico obiettivo e con l'ubbidienza a Dio.

4. **RICEVERE:** Ricevi l'opera di riempimento dello Spirito di Dio.

Chiedi e ricevi per fede l'opera di potenziamento/riempimento dello Spirito Santo per camminare nelle sue vie. Chiedi a Dio di rinnovare il tuo cuore, la tua mente, le tue emozioni e la tua volontà attraverso il potenziamento dello Spirito Santo.

Nota: I principi fondamentali che sono alla base dell'abbattimento delle fortezze includono l'umiltà, uno spirito di sottomissione, il pentimento e l'esercizio dell'autorità di Cristo. La potenza del perdono, sia nel concederlo che nel chiederlo, è fondamentale. Il più delle volte si esprime nella fase del pentimento.

ESAME DI COSCIENZA E IDENTIFICAZIONE DELLE FORTEZZE

Tale persona desidera intimità con Dio e vivere nella pienezza della sua vita e del suo scopo. Utilizzando le tre categorie di fortezza menzionate in precedenza (come credente, prima della salvezza e come risultato di ingiustizie), permetti a Dio di scrutare il tuo cuore per vedere se c'è qualcosa che ha bisogno di essere affrontato usando lo schema di preghiera PENTIRSI-SGRIDARE-SOSTITUIRE-RICEVERE.

1. COME CREDENTI (LE PORTE CHE NOI APRIAMO)

Alcune fortezze di influenza e controllo diabolico esistono a causa della disubbidienza e del peccato.

Lo Spirito Santo ti sta parlando di aree di continua frustrazione, di peccati che ti tormentano o di uno stato di immobilità che stai vivendo, che devono essere portati davanti al Signore con pentimento, sgridando nell'autorità di Gesù ogni attività demoniaca ad essi collegata? Scrivili qui:

- _____
- _____
- _____

2. PRIMA DELLA SALVEZZA (PORTE RIMASTE APERTE)

Le fortezze presenti prima della salvezza possono essere riportate nella nostra vita di credenti.

Lo Spirito Santo ti sta parlando di qualche area della tua vita in cui sei prigioniero del passato, che si tratti di relazioni, abitudini peccaminose, dipendenze, ecc.? Scrivile qui:

- _____
- _____
- _____

3. FORTEZZE DOVUTE ALLE INGIUSTIZIE E ALLE CONSEGUENTI REAZIONI PECCAMINOSE

Le fortezze possono essere erette attraverso abusi, rifiuti, abbandoni, traumi, ecc. che feriscono l'anima. Questo stimola risposte, atteggiamenti mentali, azioni e convinzioni peccaminose.

Anche se non siamo responsabili delle ingiustizie perpetrate contro di noi, siamo responsabili delle nostre reazioni e risposte. Lo Spirito Santo ti sta parlando di alcune aree della tua vita in cui stai ancora vivendo con risposte alle ingiustizie, alle ferite, alle offese, agli abusi, ecc. del passato lontano o recente? Scrivile qui:

- _____
- _____
- _____

Utilizzando il modello di preghiera che hai imparato, prega per ciascuno degli elementi che hai elencato sopra: pentiti, sgrida il nemico, ricevi il perdono di Dio e la potenza del suo Spirito Santo. Poi, facendo dichiarazioni riguardo le tue specifiche applicazioni pratiche sul camminare nello spirito opposto, vivi la tua nuova libertà nella fede!

Capitolo Cinque
ASSICURARE UN CUORE SANO

IL PRIMATO DEL CUORE

IL VALORE DEL TUO CUORE

Proverbi 4:23 ci esorta: "Custodisci il tuo cuore più di ogni altra cosa, poiché da esso provengono le sorgenti della vita". Noi custodiamo naturalmente molte cose: la nostra famiglia, i nostri beni, la nostra salute, il futuro dei nostri figli e altro ancora. Ma l'esortazione di Dio è quella di custodire, più di ogni altra cosa, il nostro cuore. Perché? Perché il nostro cuore è la *sorgente della nostra vita.*

L'IMPORTANZA DEL TUO CUORE

Tecnicamente, una "sorgente" è la fonte di un ruscello o di un geyser. La saggezza dei Proverbi ci dice che, allo stesso modo, il nostro cuore è una sorgente. È la fonte dei pensieri, dei valori, delle parole e delle azioni che scaturiscono da noi – in altre parole, l'essenza di ciò che chiamiamo "la nostra vita".

Cosa succede, allora, quando una sorgente o un cuore è ferito, danneggiato o corrotto? Il tuo cuore è uno dei bersagli principali che Satana usa contro di te.

Spesso ci concentriamo sul comportamento esteriore quando parliamo di problemi legati alle fortezze o al peccato (nostro o altrui). Il comportamento deriva da ciò che trabocca dal nostro cuore, dallo stato del nostro essere interiore (Luca 6:45). Esso scaturisce sempre dall'intimo del nostro cuore, che sia all'insegna del peccato o della rettitudine.

Dobbiamo guardare le cose oltre la superficie per arrivare alla radice del nostro comportamento. Imparare le verità bibliche riguardo le fortezze ci aiuterà ad avere il discernimento per guardare al di là del comportamento.

I grafici che seguono ci aiutano a visualizzare come il cuore viene corrotto dalle fortezze e come esse operano concretamente nella nostra vita. Qui sotto è riportata una tabella che identifica alcuni esempi della progressione degli schemi del nemico:

CASO #1	CASO #2	CASO #3
Rifiuto *(Ingiustizia)*	Abbandono *(Ingiustizia)*	Abuso *(Ingiustizia)*
Vergogna *(Bugia/Fortezza)*	Paura *(Bugia/Fortezza)*	Mancanza di perdono *(Bugia/Fortezza)*
Pornografia *(Comportamento)*	Controllo *(Comportamento)*	Rabbia *(Comportamento)*

Esiste uno schema ricorrente con cui il nemico stabilisce delle fortezze nella tua vita. Può apparire come segue:

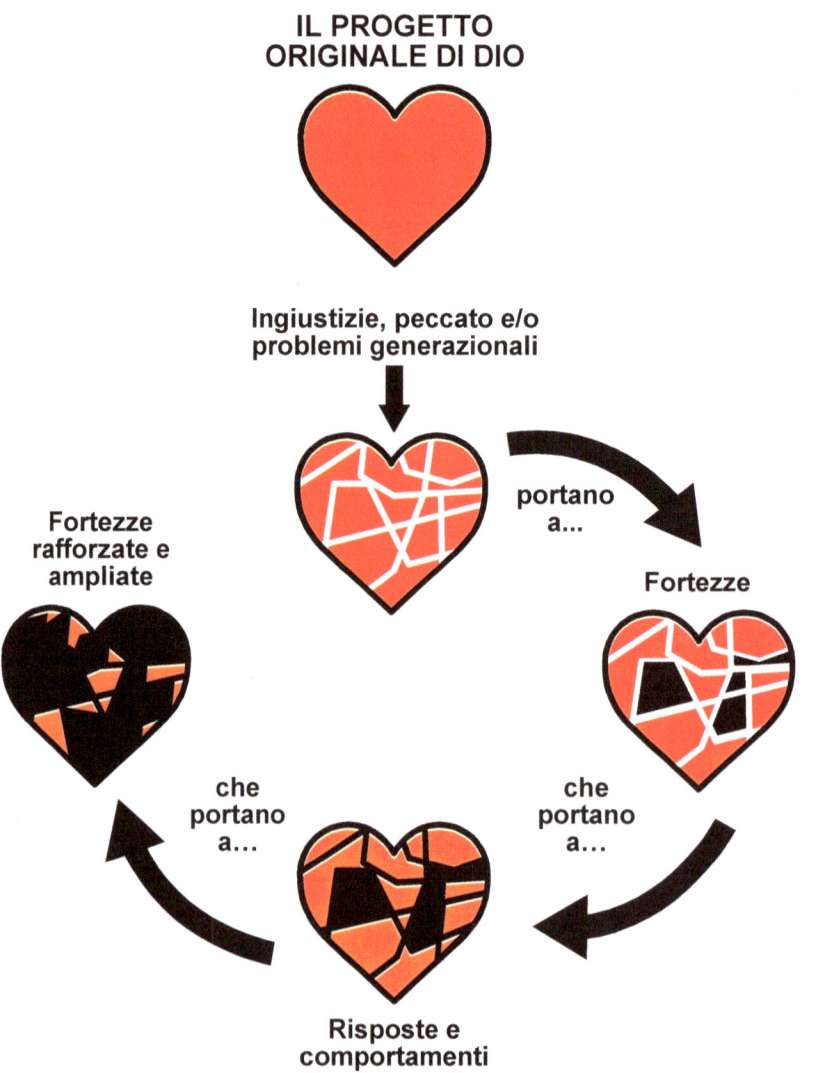

CARENZA DI VERITÀ E AMORE

Poiché siamo profondamente amati da Dio e siamo stati specificamente concepiti per riflettere la sua gloria, il nostro avversario ha usato ogni arma del suo arsenale per renderci confusi e per ferirci, provocando reazioni pericolose che si traducono in legami e danni alla nostra vita.

Qualsiasi relazione, reazione o situazione nella nostra vita che non rifletta la verità o l'amore di Dio (nella sua purezza) può permettere al nemico di costruire delle fortezze. Ovunque ci sia un deficit dell'amore o della verità di Dio nella nostra vita, cominceremo a riempire lo spazio vuoto con le bugie del nemico che si traducono in fortezze. Vediamo come la carenza di amore e di verità può manifestarsi praticamente nella nostra vita.

1. MANCANZA DI VERITÀ (LA VERITÀ DI DIO È LO STANDARD)

La verità di Dio porta pace e pienezza di vita. Nella misura in cui ci allontaniamo dalla sua verità, saremo controllati da varie fortezze. Se la verità viene taciuta, iniziano a crescere modelli malsani e distruttivi. Eccone un esempio:

RIBELLIONE

Il bambino decide quando ascoltare i genitori. Ha un'ubbidienza selettiva e raramente viene corretto dai genitori, che non lo educano ad ubbidire per paura di essere respinti dal bambino. Quindi, non ci sono istruzioni sul buon temperamento, sulla pazienza, sull'ascolto o sull'ubbidienza. Pertanto, il bambino semplicemente non ascolterà i suoi genitori, facendo ciò che vuole quando vuole.

Da adulto, questa mancanza di verità si ripercuote su ogni relazione e ambiente della sua vita, compreso il modo in cui vede Dio, le autorità nella chiesa, i datori di lavoro, ecc. Ben presto il nemico fa credere a quest'uomo di essere autonomo e di non aver bisogno dell'aiuto o dell'istruzione di nessuno. Ne derivano confusione, rabbia, offesa, caos e anarchia a vari livelli.

NOTA: L'assenza di verità ha ramificazioni profonde e di vasta portata. Maggiore è il numero di deficit della verità, maggiore e più esteso è il danno alla vita di una persona. Non c'è mai un solo ambito in cui la verità è assente; pertanto, il danno nella vita di una persona diventa più complesso.

2. CARENZA D'AMORE (MANCANZA DI AMORE "DI QUALITÀ DIVINA")

Proprio come nel caso di un deficit di verità, un deficit di amore può causare modelli malsani e distruttivi nella propria vita. Per quanto le persone ben intenzionate (e potenzialmente virtuose) presenti nella nostra vita possano amarci, non potranno mai essere all'altezza del perfetto standard dell'amore di Dio. Quando questo standard non viene rispettato, le ramificazioni sono di vasta portata, come mostra l'esempio che segue:

ANAFFETTIVITÀ

A una giovane ragazza raramente, se non mai, viene detto che è amata. L'amore vero, genuino, incondizionato, analogo a quello di Dio è raramente dimostrato a questa ragazza. Ancora peggio, c'è una vera e propria negligenza, mancanza di considerazione e rifiuto. Viene abbandonata mentalmente, emotivamente, fisicamente, a livello relazionale o in tutti questi aspetti insieme. Raramente ascolta la verità dell'amore incondizionato e della considerazione di Dio per lei. Anzi, sente l'esatto contrario: che non è abbastanza brava, che è brutta, che non sarà mai all'altezza.

Da adulta questa donna è alla ricerca di riconoscimento, spesso nei posti sbagliati. Cerca qualsiasi forma apparente di accettazione e amore, e molte volte dalle persone sbagliate che la feriscono ulteriormente. Questa persona vive con l'insicurezza e la paura del rifiuto e dell'abbandono in varie forme, che spesso la portano a prendere decisioni sbagliate che le nuocciono continuamente.

3. DANNI DA CARENZA DI AMORE E DI VERITÀ

Quando l'amore e la verità ci vengono negati, spesso reagiamo in uno di questi due modi: in modo passivo o aggressivo. Il modo in cui reagiamo sarà determinato dalla nostra formazione come persona. Il nemico non è mai soddisfatto né inoperoso nel suo impegno contro la creazione e il Regno di Dio, le persone e la Chiesa. Vuole rubare, uccidere e distruggere assolutamente tutto. Vuole che le fortezze si sviluppino progressivamente fino alla distruzione.

Di seguito sono riportati alcuni esempi di come possiamo rispondere all'ingiustizia e al rifiuto dati dalla carenza di amore e di verità. Questo è un esempio della progressione del peccato che il nemico vorrebbe avviare.

REAZIONE PASSIVA

Passività, insicurezza, inferiorità, apatia, depressione, condanna, vittimismo, disperazione, odio verso se stessi, ecc. e infine suicidio.

REAZIONE AGGRESSIVA

Ribellione, gelosia, orgoglio, controllo, superiorità, competizione, critica, ostilità, amarezza, rabbia, furore, ecc. e infine omicidio.

ESERCIZIO SULLA FORTEZZA: MANCANZA DI PERDONO

Il perdono è necessario quando siamo stati offesi in un modo o nell'altro. C'è un debito da pagare prima che possa avvenire la riconciliazione o la riparazione. Il debito può essere emotivo, relazionale, finanziario o fisico; può essere il risultato di un tradimento o qualcosa legato alla nostra reputazione. Indipendentemente dalla situazione, c'è un debito pendente nei nostri confronti.

Per perdonare, si deve stabilire che si condonerà il debito così da svincolare la persona che ha commesso l'offesa (o la situazione offensiva) dall'obbligo nei nostri confronti.

La mancanza di perdono distrugge la persona che la nutre, gli altri intorno a lei e le relazioni sia nuove che vecchie. La mancanza di perdono è uno dei pilastri del regno di Satana e apre la porta a una serie di altri mali.

Il perdono, invece, sgorga dal cuore stesso di Dio. Gesù parlava spesso di perdono con i suoi discepoli: sapeva che era essenziale per loro e per noi impararlo e metterlo in pratica. Gesù è il nostro esempio supremo: aveva tutti i diritti e le ragioni per negare il perdono, eppure ha scelto di offrirlo gratuitamente!

Il perdono è una scelta, non un sentimento. Esso non condona l'azione sbagliata o offensiva, ma scaturisce dall'umiltà (sapendo che abbiamo

Note:

ferito altri e che anche noi abbiamo bisogno di perdono). Il perdono secondo Dio porta libertà, guarigione e completezza.

Ciclo del Perdono Intenzionale:

1. **DOLORE E FERITA**
2. **IDENTIFICA E DAI UN NOME** (ingiustizia, offesa, dolore e ferita)
3. **CONFESSA** (pensieri ed emozioni di rabbia, punizione, ecc.)
4. **PENTITI & RESISTI** (meccanismi di autoprotezione che si traducono in reazioni peccaminose)
5. **BENEDICI E LIBERA** (con preghiere, parole e azioni)
6. **IL CICLO SI RIPETE E DIVENTA PIÙ PROFONDO**

Al centro: **PERDONO INTENZIONALE** — Potenziamento dello Spirito Santo disponibile in ogni fase

Quando perdoniamo, è fondamentale che perdoniamo su tre livelli:

1. **Chi è stato?** Chi è la persona o il gruppo che ti ha fatto del male o ti ha offeso?

2. **Cosa ti hanno fatto?** Qual è stato il gesto o l'azione che ti ha danneggiato o ferito?

3. **Che cosa ti ha causato?** Quali sono state (o sono) le conseguenze emotive e concrete?

È importante essere specifici e accurati. La tabella che segue fornisce un procedimento strutturato per aiutarti a iniziare a perdonare coloro che hanno peccato contro di te. Inizia invitando la presenza dello Spirito Santo e chiedigli di parlarti delle persone e degli episodi della tua vita che possono essere causa di un deficit di amore o di verità. Compila la tabella secondo le indicazioni dello Spirito:

RICONOSCERE LA MANCANZA DI PERDONO

PERSONA A (nome)

Cosa ha fatto (episodio 1)	Cosa ha fatto (episodio 2)
Conseguenze pratiche ed emotive	Conseguenze pratiche ed emotive

PERSONA B (nome)

Cosa ha fatto (episodio 1)	Cosa ha fatto (episodio 2)
Conseguenze pratiche ed emotive	Conseguenze pratiche ed emotive

PERSONA C (nome)

Cosa ha fatto (episodio 1)	Cosa ha fatto (episodio 2)
Conseguenze pratiche ed emotive	Conseguenze pratiche ed emotive

RECUPERARE LA LIBERTÀ DEL PERDONO

Utilizzando l'esempio di preghiera qui sotto e il modello di preghiera PENTIRSI-SGRIDARE-SOSTITUIRE-RICEVERE che abbiamo sperimentato, prega per ogni persona/episodio della tua lista:

MODELLO DI PREGHIERA

Riconosco te _____ (nomina la persona), e l'ingiustizia/il peccato di _____ (nomina l'ingiustizia/peccato) commessa da te contro di me.

Oggi scelgo di perdonarti per quello che mi hai fatto. Ti perdono anche per le conseguenze di come mi hai ferito nello spirito, nell'anima, nel corpo, e nello specifico mi riferisco a _____, _____, _____, _____, _____. Annullo il debito che hai con me. Ti libero dal mio giudizio e ti metto nelle mani del Signore. Ti benedico (con parole tue). Spezzo questo legame distruttivo per la mia anima con te, e scelgo di non farti pagare il risarcimento, di non cercare la tua approvazione e di non essere tuo complice nella tua decisione di rimanere in una posizione di peccato.

*Signore, **mi pento** della mia mancanza di perdono, della rabbia e dell'amarezza (e/o altre reazioni peccaminose) e ricevo il tuo perdono, o Dio.*

***Sgrido** ogni spirito maligno che alimenta la mancanza di perdono e le altre reazioni peccaminose e rifiuto di lasciarvi qualsiasi spazio nella mia vita. Ordino al potere della vostra influenza di fermarsi ora e di sparire da me nel nome di Gesù.*

*Scelgo di **sostituire** la mia mancanza di perdono e _____ con una vita di perdono e _____ per vivere con misericordia e grazia verso gli altri mediante la potenza di Dio.*

*Signore, **ricevo** il tuo Spirito Santo; riempimi e inondami con la tua vita e la tua pace. Scelgo di camminare nella tua libertà e nella tua grazia. Vieni e guariscimi, risanami completamente nello spirito, nell'anima e nel corpo.*

Amen.

Poi, non fermarti qui. Ecco alcune pratiche linee guida per continuare a elargire il perdono:

- ❏ Chiedi a Dio di rivelarti altre persone contro le quali nutri offese o sentimenti poco virtuosi. Fai un elenco dei nomi man mano che Dio te li rivela; lega qualsiasi attività del nemico che possa stimolare un'introspezione morbosa. Inoltre, verifica se provi amarezza nei confronti di Dio o di te stesso e, se è così, includi questi nomi nella tua lista.

- ☐ Se, dopo aver perdonato una persona per un'offesa grave, ti tornano in mente episodi specifici, magari più piccoli, che ti hanno ferito, non lasciare che i tuoi sentimenti si infiammino nuovamente di rabbia e risentimento. Invece, affida a Dio all'istante le ferite e gli episodi specifici.

- ☐ Di' a Dio che sei disposto a convivere con le perduranti conseguenze delle azioni della persona che ti ha offeso e condividile con lui (Dio) in preghiera.

- ☐ Nella fede e nella tua autorità in Cristo, riprenditi il terreno che hai ceduto a Satana attraverso la mancanza di perdono. Reclama ciò che è tuo di diritto e che Satana ti ha rubato attraverso questa mancanza di perdono.

- ☐ Se qualche azione futura di una persona che hai perdonato scatena ricordi dolorosi e sei tentato di riprenderti l'amarezza del passato, lascia immediatamente questa tentazione a Dio.[1]

VIVERE NEL PERDONO

DICHIARA LE SEGUENTI AFFERMAZIONI:

- ☐ Perdonerò gli altri, proprio come Dio ha perdonato me.
- ☐ Sceglierò di affrontare i problemi, di offrire il perdono ai colpevoli e di lasciare il resto a Dio.
- ☐ Vivrò in modo da offrire il perdono agli altri.
- ☐ Crescerò sempre di più nella comprensione che le ferite del mio passato non sono mai sfuggite agli occhi del Signore.
- ☐ Non permetterò a Satana di tenermi nella schiavitù della mancanza di perdono.
- ☐ Perdonerò gli altri, indipendentemente dalla loro reazione nei miei confronti.
- ☐ Permetterò agli altri di vedere la grazia, la misericordia e il perdono di Dio all'opera in me!
- ☐ Conoscerò e capirò che il perdono porta libertà e liberazione dalle mie ferite passate e presenti.

PROSEGUIRE NELLA LIBERTÀ

Galati 5:1 (NTVi)
Cristo ci ha liberati per davvero. Ora, assicuratevi di restare saldi nella libertà…

---
[1] Logan, Jim, e Charles F. Stanley. *Reclaiming Surrendered Ground: Protecting Your Family from Spiritual Attacks*. Chicago, IL: Moody Publishers, 2015. Adattato.

PROSEGUIRE NELLA LIBERTÀ

Ci auguriamo che la tua comprensione e la tua esperienza del grande amore di Dio per te, e della libertà e della vita abbondante che lui ha per te attraverso Gesù Cristo siano cresciute nel corso del tempo trascorso su questo libro.

I principi e gli strumenti che hai acquisito non sono solo una conoscenza mentale, ma possono diventare parte integrante del sistema operativo della tua vita se li usi e li applichi ogni giorno. Quando utilizzi il modello di preghiera PENTIRSI-SGRIDARE-SOSTITUIRE-RICEVERE, stai adoperando le armi divine che Dio ha messo a tua disposizione: assumi una posizione di umiltà, fai prigionieri i pensieri malvagi e dannosi, abbatti le fortezze di pensieri e comportamenti sbagliati e ti incammini nella libertà (vedi 2 Corinzi 10:3-5).

Ora ti incoraggiamo a spingerti verso livelli sempre maggiori di questa libertà e verso una maggiore intimità con il Signore e un ministero efficace per lui.

Per il tuo prossimo passo in questo viaggio, prendi in considerazione la possibilità di seguire il corso completo, *Vivere liberi in Cristo* (puoi trovare il manuale del corso, il libro e i DVD su www.SycPubGlobal.com o partecipare di persona a una conferenza intensiva. A tal proposito, controlla il sito www.sycamorecommission.org per luoghi e date).

Nel corso *Vivere liberi in Cristo*, imparerai in modo approfondito a:
- Conoscere il tuo progetto originale, come è andato perduto e come Gesù è venuto a ripristinarlo.
- Comprendere la vera natura del mondo in cui vivi, un'integrazione tra il regno spirituale e quello materiale.
- Conoscere l'autorità che possiedi in Cristo.
- Come accedere e vivere nella potenza vivificante dello Spirito Santo che hai ricevuto con la salvezza.
- Come le fortezze vengono sistematicamente costruite nella tua vita nel corso del tempo e come puoi smantellarle per sempre!
- Conoscere la realtà delle fortezze generazionali e come liberarsene (per se stessi e per le generazioni future).
- Legami dell'anima: cosa sono, come ti tengono legato al tuo passato e come puoi sganciartene.
- Maledizioni e benedizioni: come identificare e spezzare le maledizioni pronunciate contro di te (anche da te stesso) e come vivere nel potere vivificante e trasformante della benedizione.

Dopo il corso *Vivere liberi in Cristo*, potresti prendere in considerazione l'idea di andare oltre, con il corso *Ascoltare la voce di Dio per sé e per gli altri* (scritto insieme a Tom Jonez, SycPub Global) e il corso di formazione *Preghiera per la liberazione* (Mike Riches, SycPub Global). Questi materiali sono descritti nella sezione delle risorse alla fine di questo libro.

Pensa a *Fondamenti di libertà: Un'introduzione a Vivere liberi in Cristo* non come a un altro corso o programma, ma come al tuo primo passo verso lo sviluppo di uno stile di vita in cui usare sistematicamente e abilmente le tue armi divinamente potenti per una vita di libertà.

Che l'avventura abbia inizio!

NOTE SULL'AUTORE

Il Dr. Michael (Mike) D. Riches ha servito come pastore per oltre 40 anni e attualmente svolge il ministero pastorale a tempo pieno insieme alla moglie Cindy a Gig Harbor, Washington, dove serve come pastore senior della Harborview Fellowship.

Dal 2001, Mike ha svolto il suo ministero in giro per gli Stati Uniti e all'estero come fondatore e direttore di The Sycamore Commission (www.sycamorecommission.org), un ministero internazionale in crescita che si occupa di insegnamento e formazione, e impegnato nel sostegno e nella riforma della Chiesa. Credendo fermamente che Gesù volesse che la sua missione continuasse con i suoi discepoli, sia allora che oggi, l'obiettivo del ministero della Sycamore Commission è quello di servire il corpo di Cristo aiutando i leader, le chiese e i singoli cristiani a comprendere, recuperare pienamente e vivere il potente ministero di Gesù Cristo che cambia la vita e promuove lo sviluppo del Regno.

Il ministero di Mike comprende l'insegnamento, la formazione, lo sviluppo e il sostegno della leadership e la formazione sulla preghiera per la liberazione. È autore di *Vivere liberi: Recuperare il progetto di Dio per la tua vita*, *Vivere liberi in Cristo*, *Camminare nella libertà*, *Ascoltare la voce di Dio per sé e per gli altri* (scritto insieme a Tom Jonez) e il corso di formazione *Preghiera per la liberazione*.

Sempre da Sycamore Publications:

VIVERE LIBERI IN CRISTO
(LIVING SET FREE IN CHRIST)

Il manuale del corso *Vivere liberi in Cristo* - che fa parte del corso *Vivere liberi* - ti aiuterà a sperimentare e a godere della libertà e del favore che si trovano solo attraverso Gesù Cristo, includendo argomenti come: il progetto originale di Dio per la tua vita e il suo amore incondizionato per te, come liberarti completamente dalle ferite e dalle ingiustizie del passato, come esercitare la tua autorità spirituale, come spezzare il potere delle fortezze spirituali e degli schemi generazionali di peccato nella tua vita, e molto altro ancora.

CAMMINARE NELLA LIBERTÀ (WALKING IN FREEDOM)

Progettato per accompagnare il manuale del corso *Vivere liberi in Cristo*, *Camminare nella libertà* ti aiuterà ad applicare praticamente le operazioni spirituali che portano alla liberazione da particolari schiavitù nella tua vita. Attraverso la potenza di Cristo e i semplici passi delineati in questo libro – compresi gli inventari diagnostici che aiutano a identificare se e come determinate fortezze possano esistere nella tua vita – puoi liberarti da specifiche schiavitù e camminare nella libertà che Gesù ha acquistato per te.

ASCOLTARE LA VOCE DI DIO PER SÉ E PER GLI ALTRI
(HEARING GOD'S VOICE FOR YOURSELF AND OTHERS)

In questo manuale illustrato e a colori, imparerai verità e principi potenti per tornare alla normalità biblica per comunicare con Dio. Include esercizi pratici per lo studio di gruppo.

MANUALE DEL CORSO DI FORMAZIONE SULLA PREGHIERA PER LA LIBERAZIONE
(FREEDOM PRAYER TRAINING MANUAL)

Il ministero della preghiera di liberazione è un modo potente per applicare le verità bibliche di *Vivere liberi in Cristo* e *Ascoltare la voce di Dio*. Questa formazione ti permetterà di aiutare le persone a scoprire l'amore e la verità di Dio e ad essere immesse nella libertà che Dio ha progettato per i suoi figli.

NB: Tutto il materiale citato è in lingua inglese.

Ordina su www.sycpubglobal.com

www.ingramcontent.com/pod-product-compliance
Lightning Source LLC
Chambersburg PA
CBHW061113070526
44583CB00027B/3280